Ludwig Lewis

Geschichte der Freimaurerei in Österreich

Ludwig Lewis

Geschichte der Freimaurerei in Österreich

ISBN/EAN: 9783743302464

Hergestellt in Europa, USA, Kanada, Australien, Japan

Cover: Foto ©ninafisch / pixelio.de

Manufactured and distributed by brebook publishing software (www.brebook.com)

Ludwig Lewis

Geschichte der Freimaurerei in Österreich

GESCHICHTE

DER

FREIMAUREREI in ÖSTERREICH

IM ALLGEMEINEN

UND

DER WIENER LOGE ZU ST. JOSEPH

INSBESONDERE.

Von

Dr. L. Lewis,

ehemaligem Meister vom Stuhl der Wiener Loge zu St. Joseph, Mitglied der Loge
Conongate Kilwining zu Edinburgh, des Supreme grand Royal Arch. chapter of Scotland,
und Ehrenmitglied der Loge Allkotsch im O. von Belgrad etc.

Das Uebersetzungsrecht in fremde Sprachen wurde vorbehalten.

WIEN, 1861.

Druck und Verlag der Typogr.-literar.-artistischen Anstalt.

(L. C. Zamarski & C. Dittmarsch.)

VORWORT.

Die Geschichte der Freimaurerei ist in den lezten Jahren wiederholt Gegenstand der Bearbeitung von Seite berufener und sachkundiger Kräfte gewesen. Eine wesentliche Lücke dabei war die bisher nur sehr oberflächlich zur Darstellung gebrachte Verzweigung dieses alten Bundes nach Oesterreich. Was Gräffer u. a. m. darüber gebracht, beschränkte sich wesentlich auf die Zeit der Kaiserin Maria Theresia und Kaiser Joseph II. Indem wir nun diesen kurzen Abriss der Geschichte der Freimaurerei in Oesterreich der Oeffentlichkeit übergeben, sind wir weit entfernt zu glauben, damit etwas Vollständiges geliefert zu haben. Es mangelte an Quellen; archivalische Forschungen waren unmöglich und so musste als eigentliche Grundlage wesentlich die maurerische Zeitschrift: Journal für Freimaurer 1784 — 1786 in 12 Bänden dienen, welches aufzufinden ebenfalls grosse Mühe kostete. Die hiemit der Oeffentlichkeit übergebene

Arbeit wurde schon im Jahre 1849 verfasst, musste aber misslicher Umstände halber bis jetzt im Pulte verwahrt bleiben.

Möge man dem Werkchen ein milder Richter sein; sein Zweck ist, das Licht, die Wahrheit zu verbreiten, an dem Beispiele der Vorfahren, an dem Bilde ihres regen Strebens zu gleicher Thätigkeit in der Gegenwart aufzufordern.

Allfällige Mängel der Redaction und der lezten Zusammenstellung wollen mit der Entfernung des Verfassers vom Druckorte entschuldigt werden.

Pest, September 1861.

Ludwig Lewis.

Einleitung.

Der uralte und edle Bund der Freimaurer hat, — Frankreich seit der Revolutionsepoche von 1789 ausgenommen, — in den übrigen katholischen Staaten nie festen, haltbaren Fuss fassen können. So auch in den von den verschiedensten Nationen bevölkerten Ländern des österreichischen Kaiserthums. Es erhoben sich zwar zu verschiedenen Zeiten an vielen Orten dieses grossen Reiches viele Logen, die aber insgesammt stets nur eine kurze Dauer hatten. Verfolgungen von Seite der katholischen Geistlichkeit, insbesondere des einst hier so einflussreichen Ordens der Väter der Gesellschaft Jesu, kurzweg Jesuiten genannt, und in Folge dessen wiederholt ergehende Verbote der Landesfürsten machten den Versammlungen der Brüder Maurer entweder ein gewaltsames Ende, oder veranlassten die Mitglieder, eingedenk der Ordenspflicht, welche Achtung der Gesetze vorschreibt, ihre Arbeiten aus eigenem Antriebe einzustellen, ihre Wiederaufnahme zu einer günstigeren Zeit sich vorbehaltend.

Ueberblickt man das ganze österreichische Maurerwesen, nach Massgabe als dies der sich darbietende Stoff gestattet, so erkennt man, dass die zehnjährige Regierungszeit Kaiser Joseph's II. vom Jahre 1780 bis 1790 die Glanzperiode der österreichischen Maurerei war. Die anfängliche Toleranz und der spätere förmliche Schutz, den er dem Orden angedeihen liess, ist eine um so köstlichere Perle im Diademe dieses um die Völker Oesterreich's so verdienten unsterblichen

1

Fürsten, als dies mehr eine Sache des Vertrauens, als seiner persönlichen Ueberzeugung war, indem aus keinem Documente jener Zeit zu ersehen ist, dass er ein Eingeweihter des Maurerbundes gewesen sei, und denselben in seinem Schutzbriefe anscheinend als einen bedeutungslosen Verein betrachtet.

Schon durch das Zugeständniss, sich unter einigen, später zur Sprache kommenden polizeilichen Einschränkungen unbeirrt versammeln zu können, gab Kaiser Joseph der Freimaurerei das öffentliche Zeugniss, dass ihre Arbeiten durchaus keine das Staatsleben und das allgemeine Wohl im Entferntesten berührenden Tendenzen hätten. — Und in der That werden nach dem §. 3 der allgemeinen Freimaurer-Verordnungen, der festsetzt: „dass Niemand in den Orden aufgenommen werden kann, welcher nicht unverbrüchliche Ergebenheit gegen seine Religion, Obrigkeit, Vaterland, und gute Sitten hat," — schon von vorhinein von Jedem, welcher um Eintritt in den Maurerbund ansucht, Vaterlandsliebe, Verehrung der Gesetze, und unbescholtener Lebenswandel als unerlässliche Bedingnisse gefordert.

Die Supposition dürfte nicht sehr gewagt sein, dass Joseph's Benehmen gegen die Freimaurerei in seinen Staaten eine Frucht der Rivalität war, welche er bei allen Gelegenheiten gegen seinen grossen politischen Gegner, Friedrich den Einzigen, König von Preussen, den warmen Beschützer der Freimaurer, an den Tag legte. König Friedrich, welcher den Namen des nordischen Salomon's wirklich verdient, hat sich des Ordens, zu dessen Bruderschaft er selbst gehörte, oft und energisch angenommen, wie aus seinen Briefen zu ersehen ist. In einem Schreiben vom 7. October 1778 sagt er unter Andern: „Ich werde immer an dem Wohle und der Aufnahme einer Gesellschaft den lebhaftesten Antheil nehmen, die ihren grössten Ruhm in eine unermüdete und ununterbrochene Verbreitung aller gesellschaftlichen Tugenden setzt."

Der Nachfolger Friedrich's II., König Friedrich Wilhelm III., hegte von der Freimaurerei keine minder wahre und weniger richtige Meinung. Dies zeigte sich schon in seiner in Charlottenburg den 31. Juli 1800 erlassenen Cabinetserklärung, als ihm der Grundvertrag und das Gesetzbuch der grossen Freimaurer-Loge: „Royal York zur Freundschaft" vorgelegt worden war, und der wörtlich folgendermassen lautet:

„Ich habe den von Euch, Namens Eures Logenvereins „eingereichten revidirten Grundvertrag und das Gesetzbuch „erhalten, und kann dem darin erscheinenden Geiste der „Ordnung, dem Bestreben zur Aufrechterhaltung der Sitt-„lichkeit und guter bürgerlichen Gesinnungen und der Ein-„richtung einer Rettungsanstalt für Mitglieder Eurer Logen, „eben so wenig meinen Beifall versagen, als der Offenheit, „dem Beweise Eures guten Bewusstseins, womit Ihr zu Werk „geht. So lange Ihr daher diesen Euren Principien und Ge-„setzen treu bleibt, werdet Ihr nicht nur den Schutz, welchen „ich Eurer Gesellschaft angedeihen lasse, verdienen, sondern „Ihr werdet auch selbst durch das Urtheil unbefangener und „guter Menschen über Eure Verfassung belohnet werden."

Derselbe Fürst erklärte zwanzig Jahre später auf dem Congresse zu Verona im Jahre 1820, auf welchem auch der Freimaurer-Orden zur Sprache kam, den verbündeten Monarchen, die vorzüglich in Betreff der gegen die Carbonari in Italien zu treffenden Massregeln zusammengekommen waren, „dass die Freimaurer seine treuesten Unterthanen „wären." Auch gab erst im Monate Juni 1850, wie öffentliche Blätter berichteten, der Prinz von Preussen, als er in seiner Eigenschaft als Protector der deutschen Freimaurerei zu Frankfurt am Main die dortigen Logen besuchte, denselben auf Befehl des Königs das allerhöchste Wohlgefallen

für ihr loyales Verhalten während der Wirren der zwei letzten
Jahre zu erkennen.

Nach solchen entscheidenden und herrlichen Zeugnissen
kann auch von dem befangensten Beurtheiler die edle Maurerei
für keine Scheidewand zwischen ihren Mitgliedern und der
übrigen Welt gehalten werden. Sie ist vielmehr ein Tempel
des allgemeinen Menschenwohles, ein Band, das edle
Menschen aus allen Ständen, aus allen Völkern und Erdtheilen
mit einander verknüpft, die so vereinigt einerlei Charakter
der bessern Menschheit annehmen, und dann mit Menschen-
kenntniss bereichert, von Menschenliebe erwärmt, durch
alle Stände, Völker und Erdtheile Weisheit und Tugend
verbreiten.

Wie soll nun in der Maurerei eine Gefahr für den Staat
liegen können? — Oder glaubt man etwa, dass in ihrer
inneren Verfassung ein demokratischer Geist herrsche, oder
dass in der Art ihrer Organisation eine Hinneigung zu
den Nivellirungs-Bestrebungen der neuen Zeit obwalte?
Sicher nicht.

Jeder Laie, welchem daran gelegen ist, kann sich die
Ueberzeugung verschaffen, dass ihre ganze innere Einrichtung eine starre Aristokratie, eine Aristokratie der verschiedenen Grade, in welche sich die Glieder theilen, ist, und
dass daher darin von einer demokratischen Tendenz keine
Spur anzutreffen ist. So bilden z. B. nur eine bestimmte Anzahl von Meistern überhaupt erst eine Loge, nur einem
Meister ist es verstattet, das Wort in geöffneter Loge zu erbitten; nur ein Meister darf in der Maurerei ein Amt be-
kleiden; nur der Meisterschaft steht statutenmässig die Be-
fugniss der Beschlussnahme in allen wichtigen Logen-Ange-
legenheiten zu. — Kein Bruder niederer Grade erfährt eine
Sylbe von den in den Meister-Berathungen stattgefundenen
Verhandlungen, und so geht dieses streng organisirte System

der Verschwiegenheit in steigender Strenge bis in die höhern und höchsten Grade. Ist hier eine Spur von Gleichheit, Oeffentlichkeit der Verhandlungen und wie die Forderungen der Neuzeit sonst heissen, vorhanden?

Diese wenigen Andeutungen dürften genügen, jedem Unparteiischen, dem es darum zu thun ist, von dem Wesen der Freimaurerei einen richtigen Begriff zu erhalten, zu zeigen, dass sie ein das Wohl des einzelnen Menschen und der ganzen staatsbürgerlichen Gesellschaft beabsichtigendes Institut sei, dessen Ursprung sich in das graueste Alterthum verliert, und das, wenn es Gottes Wille so ist, auch nur mit dem Untergange der Menschen- und Nächstenliebe sein Ende nehmen wird, mag der Fanatismus dagegen auch noch so wuthentbrannt kämpfen und streiten.

Die Freimaurerei unter Kaiser Karl VI. und der Kaiserin Maria Theresia (1711 — 1780).

Es liegen keine geschichtlichen Belege vor, dass die Maurerei vor Karl VI. in Oesterreich in den ungarischen und deutschen Erbstaaten bestanden habe. Gleichwohl kann wohl kaum daran gezweifelt werden, da bekannt ist, dass sie in den österreichischen Niederlanden, vorzüglich in Brabant und Flandern Fuss gefasst hatte, indem der Kaiser sich veranlasst sah, auf Andringen der dortigen Geistlichkeit und der Stände sie im Jahre 1736 zu unterdrücken.

Gleiche Versuche, die in Wien bei dem Kaiser gemacht wurden, um ein gleiches Verbot in Betreff der Logen in den übrigen Erbstaaten von ihm zu erlangen, blieben ohne Erfolg, was vermuthlich dem Umstande zugeschrieben werden muss, dass einflussreiche Personen sich am kaiserlichen Hofe befanden, die den Bund beschützten.

Dieser Schutz war so mächtig, dass selbst die Bannbulle vom 27. April 1738, welche Papst Clemens XII. gegen die Freimaurerei erliess, worin er sie mit Gefängniss, Confiscation der Güter, Verbannung und selbst mit der Todesstrafe bedrohte, in Wien nicht öffentlich bekannt gemacht wurde, und keine andere Folge hatte, als das Verbot der Freimaurerei in den österreichischen Niederlanden aufrecht zu erhalten.

Es unterliegt nicht dem mindesten Zweifel, dass am Hofe Karl's VI., der einer der besten und aufgeklärtesten

Fürsten aus dem Hause Habsburg war, der Orden dem kaiserlichen Schwiegersohne Schutz und Schirm zu verdanken hatte.

Franz I., Herzog von Lothringen, der Gemal der grossen Theresia, ein mächtiger Beschützer und Beförderer der Künste und Wissenschaften, war selbst Mitglied des Maurer-Bundes. Im Jahre 1731, mithin in seinem 23. Lebensjahre, wurde er, noch als Herzog von Lothringen, in Haag, bei der ersten maurerischen Versammlung, welche in den vereinigten Niederlanden Statt fand, unter dem Vorsitze des Philipp Dorner Stanhope Grafen von Chesterfield, englischen Gesandten beim Prinzen von Oranien, zum Lehrling und Gesellen der Maurerei aufgenommen.

Hiebei versah Esquire Strickland das Amt des Deputirten-Meisters, Benjamin Hadley und ein holländischer Bruder (nach Einigen Wilhelm Duette, ein bei der englischen Gesandtschaft angestellter Britte) die Aufseherstellen. In demselben Jahre noch wurde er in London zum Meister befördert.

Die Begünstigungen, welche der Orden durch ihn erhielt, haben seinen Namen in den Annalen der Maurerei unsterblich gemacht.

Als er nach Gaston's von Medici's Tode im Jahre 1737 die Regierung des Grossherzogthums Toskana antrat, untersagte er nicht nur jede weitere Verfolgung des Bundes, die dort an der Tagesordnung war, sondern er nahm ihn öffentlich gegen die Geistlichkeit in Schutz.

Dieser Fürst lebte, wie bekannt, mit seiner kaiserlichen Gemalin in einer beispiellos glücklichen Ehe. Gleichwohl musste er durch die ganze Dauer derselben bis an seinen im Jahre 1765 erfolgten Tod seinen ganzen Einfluss bei Maria Theresia aufbieten, um die nie ruhenden Einflüsterungen der erklärten Feinde des Maurerbundes und deren öffentliches Auftreten zu dessen Unterdrückung dermassen zu neutralisiren, dass die Freimaurerei in Oesterreich während der 40jährigen Regierung dieser Fürstin wenigstens geduldet wurde. Einzelne Versuche, die zur Vertreibung der Maurer gemacht wurden, vermochte er jedoch nicht ganz zu verhindern, da die Vorbereitungen dazu im Verborgenen gemacht wurden, und Franz davon nicht früher als das Publikum Kenntniss erhielt.

Franz selbst war Mitglied der Wiener Loge zu den drei Kanonen, die ihre erste Verpflanzung dahin der Breslauer Loge zu den drei Todtenköpfen unter ihrem Grossmeister, dem Grafen Johann von Schaffgotsch, Fürstbischof von Breslau verdankt, welcher der zuerst genannten Loge durch die Brüder Grafen Albrecht von Hoditz und Charles François Sales de Grossa das Licht geben liess.

Diese Loge zu den drei Kanonen (aux trois canons) ist die erste bekannte Wiener Loge. Sie wurde, wie das hier unten mitgetheilte Protokoll zeigt, den 17. September 1742 eröffnet.

Vienne le 17. September 1742.

La Très-Venerable Société des Fr. Maçons
de la Très-Respectable Gr. Loge
s'est assemblée aujourdhui 17. Sept. auprès du T. R.

Gr. Maître Frère Hodiz

Sous la domination des Frères cy-dessous nommés

Hodiz, Gr. Maître,

Wallenstein, ⎫
Gilgens, ⎬ Surveillants,
        ⎭

Colmann, Trésorier,

Czernichew, Secretaire,

Duni, ⎫
Michna, ⎬ Compagnons,
Blair, ⎭

Arnaud, Apprenti.

2 Portiers, 6 Frères Servants.

Reçus: Doria, Hamilton, Joerger, Gondola, Zinzendorf, Tinti, Camellern, Schram, Engel, Benedetto Testa.

Et comme le T. R. et Ds. Ms. se sont unis d'établir une Grande Loge ici; c'est aujourdhui qu'on a fait l'ouverture, par la reception des Frères cy-dessous nommés, lesquels ont étés reçu avec toutes les formalités requises et qu'ils se sont soumis a toutes les loix de la T. V. Société, avec la meilleure grace du monde.

Damit war aber nicht blos eine schlichte St. Johannes-Loge, sondern eine Grossloge in's Leben gerufen, ein Institut, das man gewöhnlich nur dann für möglich hält, wenn mehrere Johanneslogen das Bedürfniss fühlen, die Leitung ihrer Angelegenheiten einer aus ihren Mitgliedern erwählten Behörde zu übertragen. Da die Wiener Brüder dem Verrathe vorsichtig aus dem Wege gehen mussten, so hatten sie kein bestimmtes Locale zu ihren Versammlungen, sondern sie wechselten damit beständig. Die ersten beiden Logen wurden in der Wohnung des Grossmeisters Hodiz gehalten; die folgende beim Dep. Meister de Grossa; zwei beim Br. Buirette im Gundelhofe; drei im Garten von Dallberg in der Favoritenstrasse; zwei beim Br. Gondola in der Renngasse, dem Arsenale gegenüber; eine beim Br. Drackovich im 3. Stockwerke der Gatterburg in der unteren Bäckerstrasse, eine beim Br. von der Lith in Hartmann's Hause, dem Salzspeicher gegenüber; eine und die letzte im Stachelschweine im 1. Stockwerke am Kienmarkte.

Die Loge bestand grösstentheils aus Adeligen und Militärpersonen; die Eigenschaften, welche zur Aufnahme und Beförderung befähigen sollten, waren daher dieselben, die einem chevaleresken Charakter beigelegt werden.

Hodiz blieb aber nur wenige Tage Grossmeister; er erschien am 30. Sept. 1742 zum letzten Mal in der Loge, und scheint unmittelbar darauf Wien verlassen zu haben. Sein Nachfolger war Gondola. Von nicht viel längerer Dauer war der Bestand der Loge selbst, welche am 7. des Monates März 1743 mit Gewalt aufgehoben wurde; ein Ereigniss, welches damals nicht nur in Wien, sondern in ganz Europa viel Aufsehen machte. Die Loge zählte damals 9 Mitglieder des ersten Grades, 13 des zweiten und 23 vom dritten Grade.

Imhof theilt in seinem historischen Bildersaal (Band V., Seite 1177) das Ereigniss folgendermassen mit:

„Bei der zur Fastenzeit angestellten Wirtschaft erschien unter andern auch eine Maske, welche einen Freimaurer vorstellte, welche Jedermanns Auge auf sich zog. Nun hatten sich viele vornehme Personen in Wien seit einiger Zeit bemüht, öffentlich eine Loge der Freimaurer wie an andern Orten aufzurichten, welchem Vorhaben aber die Geistlichkeit beständig zuwider war. Man hat aber unter der Hand dergleichen Logen insgeheim errichtet und weil verschiedene Damen als verkleidete Mannspersonen in den Orden aufgenommen zu werden suchten, in ihrem Vorhaben aber eine abschlägige Antwort bekamen, so suchten sie aus Rache diese Zunft bei Jedermann verdächtig zu machen. Als man nun Nachricht eingezogen, dass am 7. März in einem Hause (und zwar im Margarethenhofe am Bauermarkt) dreissig Personen eine solche Zusammenkunft hielten, so wurde das Haus sogleich auf Befehl des Hofes mit etlich 100 Mann der Beyreuthischen Grenadier-Compagnie sowohl, als der zu Wien befindlichen Cürassirer besetzt, und gegen 18 sogenannte Freimaurer, worunter etliche von hohem Adel, mit Arrest belegt; auch aus ihrer Gesellschaft verschiedene Schriften, Sessel, nebst drei silbernen Leuchtern, weggenommen. Da man aber selbige zum Verhör gebracht, welchem selbst der

Cardinal und Erzbischof (von Kollonitsch) von Wien und der
päpstliche Nuntius beiwohnten, und einige grosse Neuigkeiten
von den Geheimnissen dieser grossen Gesellschaft zu erfahren
verhofften, so blieben die Freimaurer bei ihrem alten Wahl-
spruch, nemlich bei einem standhaften Stillschweigen, da
selbst das Gefängniss ihnen kein Wort abpressen konnte. Es
wurde hierauf ein ausserordentlicher Expresser mit Berichten
dieser Sache nach Rom geschickt. Der Ausgang der ganzen
Sache ist endlich dieser, dass an dem Namenstage des Kron-
prinzen Joseph (den 19. März) allen in Arrest gehabten Freimaurern die Freiheit ertheilt worden, mit Beybehaltung ihres
Charakters, jedoch mit der Bedingung, inskünftige dergleichen
nicht weiter vorzunehmen, widrigen Falls sie ihrer Bedienun-
gen entsetzet werden, und die königliche Ungnade empfinden
sollten."

Die Brüder, welche einen hohen Rang bekleideten, erhielten Zimmerarrest, die übrigen wurden in's Remorhaus
(Polizei-Gefängniss) und ein englischer Abt in den erzbischöf-
lichen Palast gebracht.

Zu den überfallenen Brüdern gehörten:

Der Graf von Starhemberg,
der Freiherr von Livenstein,
der Baron von Kunitz,
der Graf Karl von Trautmannsdorf,
der Graf von Gall,
Herr von Pfuhl,
Graf von Gondola, Grossmeister,
Baron Tinti.

In allen Nachrichten findet man keine Spur, dass der
Gemal der Kaiserin selbst, der Grossherzog Franz Stephan
von Toskana, bei der Aufhebung in der Loge anwesend war.
Die Sage erzählt, es sei ihm nur mit vieler Mühe gelungen,
den Verfolgungen der Soldaten auf einer Hintertreppe zu ent-

gehen und einen Tragsessel zu erreichen, der auf ihn wartete, um ihn in die kaiserliche Burg zu bringen.

Dieser Umstand beweist, dass dieser Streich von der Geistlichkeit gegen die Freimaurerei geführt worden war. Franz von Lothringen, der damals (1743) noch nicht die deutsche Kaiserkrone trug, welche er erst zwei Jahre später (1745) erhielt, verwendete sich alsogleich bei seiner Gemalin zu Gunsten der gefangenen Brüder, und erlangte ihre Freiheit nach 12 Tagen.

Das im Jahre 1754 erschienene Pocket Companion and History of F. M. sagt in dieser Beziehung: „Niemand anders, als S. K. M., der vornehmste Maurer in Europa, hemmte ihr (der Kaiserin) Verfahren, und erklärte sich selbst bereit, ihr (der Maurer) Betragen zu verantworten und jedem Einwurfe zu begegnen, den man gegen sie machen könne. Die Damen oder ihre Aufhetzer mussten einen besseren Grund zur Klage finden, ehe sie (die Kaiserin) in die Sache sich einlassen würde, da das, was bis jetzt vorgebracht worden, nur Falschheit und unrichtige Darstellung sei.‟

Nebst den bereits oben angeführten Personen gehörten zur Loge der drei Kanonen noch folgende Brüder:

Johann Bapt. v. Amadei, Obrist-Lieutenant,

Arnaud,

Baar,

Ignaz Banozzi, Lieutenant im Regimente Forgatsch,

Bartuska,

Philipp Casimir Berg,

Graf Bethlen,

Bioni,

Samuel von Brückenthal, stiftete später die Loge zu den drei Schlüsseln in Halle,

Marquis von Buirette,

Buol,

Marquis Camellern,

Graf Joseph Robert de la Cerda, k. k. General-Major,

Franz Kolmann,

Czernichew,

Marquis Doria,

Casimir Graf Drackovich von Trakoczan, k. k. Major,

Duni,

Engel,

Anton von Freienthal, Unterlieutenant im Grenadier-
Regiment Beyreuth,

Gilgens,

Hager,

Graf Hamilton,

Helferding,

Prinz Constantin von Hessen-Rheinfels-Rothenburg, aufgenommen am 9. Nov. 1742, erhielt am 4. Jänner 1743
den zweiten, und am 19. Febr. den dritten Grad.

Heunisch,

Graf Hodiz, Gründer und erster Grossmeister, vermälte
sich am 14. Juli 1734 mit der Markgräfin Sophie von
Brandenburg-Beyreuth, geborne Prinzessin von Sachsen-
Weissenfels,

Hofmann,

Graf Johann Ernst von Hoyos,

Graf von Joerger,

Baron Ladislaus Keming,

Baron Johann Keming,

Andreas von Kemple, Hauptmann im Regimente Forgatsch,

Strumenau,

Graf Karl von Ligny,

Marquis de Lith,

Graf Ferdinand von Michna,

Jacob Andreas Gallart, Juwelier,

Perol,

Peroni,

Joseph Riga,

Rück,

Graf Salm,

Schramm,

Franz Ignaz Schwartzenberger,

Graf von Seilern, Oberster Hofkanzler,

Silagy (auch Szillagy),

Graf Philipp von Sinzendorf, Capitän im Regiment Nadasti,

Benedetto Testi,

Jean de Vigneau, Secretär bei der englischen Gesandtschaft,

Graf Wallenstein,

Graf Windischgrätz, bekannt als Verfasser des in London 1788 erschienenen Werkes: Objections aux sociétés secrètes, wovon in demselben Jahre in Nürnberg unter dem Titel: „Ueber geheime Gesellschaften" eine Uebersetzung erschien,

Graf Zinzendorf.

Allein trotz der erzählten Verfolgung und der den Ordens-Mitgliedern bei ihrer Freilassung gemachten Androhung der höchsten Ungnade setzten die Brüder ihre Versammlungen heimlich fort, was aus Kloss's Annalen (der Loge zur Einigkeit §. 33, Seite 19) hervorgeht, indem dort eines Bruders Köster erwähnt wird, welcher in Wien am 4. Febr. 1744 die Weihe erhalten hatte. Die Versammlungen der Wiener Loge zu den drei Kanonen erstreckten sich aber auch noch in das folgende Decennium.

Die Loge Friedrich zu Hannover stellte dem dänischen Kammerjunker Johann Raban von Spörke den 22. Mai 1754 ein Diplom aus, kraft welchem er in Wien eine Deputations-Loge, die den Namen zu den drei Herzen annahm, constituirte,

deren Dasein, ungeachtet der getroffenen Vorsichtsmassregeln
nicht unbekannt blieb.

Zwischen dieser neuen Loge und der älteren Wiener
Loge entstanden jedoch Streitigkeiten, worüber Spörke in
einem Schreiben vom 12. Juli 1754 Nachstehendes sagt:

„Ich muss sie noch von den Streitigkeiten benachrich-
tigen, die entstanden sind zwischen unserer Loge und der
hier unter dem Namen „die alte Loge von Wien" fort-
bestehenden, die bekanntlich 1742 (?) aufgehoben wurde.
Ihre Papiere befinden sich, wie Sie wissen, in Hannover.
Der Schatz, welcher sehr beträchtlich sein soll, ist, wie man
mir gesagt hat, nach England gebracht. — — Einige Mitglieder dieser Loge haben sich unter der Hand fortwährend
versammelt und Aufnahmen vorgenommen. Da sie gehört
hatten, dass ich beabsichtige, hier eine Loge zu bilden, so
kamen mehrere zu mir, und ich empfing sie um so lieber, als
mir noch die nöthige Zahl fehlte, um eine Gesellenloge vollkommen zu halten. Bald nachher machten sie Vorschläge zu
einer Vereinigung; auch sollte ich ihnen bei meiner Abreise
die Bekleidung, den Schatz und die Möbeln unserer Loge
überlassen. Ich antwortete, dass ich nur berechtigt sei, in
Wien während meines Aufenthaltes eine Deputations-Loge
zu halten, und dass ich die Utensilien der Mutterloge zurück-
geben müsste. Wenn sie aber nach meiner Abreise mit den
zurückbleibenden Brüdern im Verein die Loge, abhangend
von der in Hannover, fortsetzen wollten, so sei ich bereit,
ihnen auch die Möbel der Loge zu überlassen. — — Da sie
einsahen, dass ihnen diese Grube nichts nütze, brachten sie
vor, es seien ihnen einige arme Maurer bekannt, zu deren
Unterstützung wir ihnen unsere Armensäckel überlassen
möchten. Wir antworteten, das sei ein Gemeingut der Loge,
die darüber verfüge. Dieser Bescheid vermehrte ihre üble
Laune, die in der vorletzten Loge zum Ausbruch kam, wo

es sich darum handelte, zwei Besuchende zuzulassen, Eng-
länder von Stand und Verdienst, welche sich mir nach allen
Regeln der Kunst zu erkennen gegeben hatten. Als sie aber
zweien Wiener Brüdern zur Prüfung übergeben wurden,
berichteten diese, dass man die Fremden durchaus nicht zu-
lassen könne, weil sie keines der maurerischen Zeichen kannten. Ich schlug nun vor, die Besuchenden den Eid ablegen
zu lassen, wie solches die grosse Loge zu London in Zweifel-
fällen vorschreibt. Die ganze Loge billigte diesen Vorschlag,
und die Besuchenden unterwarfen sich gern. Kaum aber
hatten die Wiener Brüder unsere Loge verlassen, so sprachen
sie von dem Vorgange auf eine die Loge beleidigende Weise,
wesshalb wir beschlossen, sie nicht mehr zuzulassen, bis sie
sich gereinigt haben würden."

Die päpstliche Bulle Benedict's XIV. vom 18. Mai 1751,
womit über der Freimaurerei der Kirchenbann ausgesprochen
wurde, gab den Feinden des Ordens eine neue Waffe zu
seiner Verfolgung. Zu ihnen gesellte sich ein Theil des weiblichen Hofstaates der Kaiserin und mehrere Hofdamen, welche,
von den Jesuiten geleitet, die Fürstin von der empfindlichen
Seite der Weiblichkeit angriffen, und ihr die eheliche Treue
ihres Gatten zu verdächtigen suchten. Unter den ältesten
Bewohnern Wien's hat sich aus jenen Tagen noch die tradi-
tionelle Sage bis heute erhalten, Maria Theresia soll eines
Tages, um Gewissheit über diesen Punkt zu erhalten, in
Gesellschaft einer vertrauten Dame in männlicher Kleidung
ihrem Gatten in die Versammlung der Loge gefolgt sein,
habe aber dieselbe alsbald verlassen, als sie Niemand vom
weiblichen Geschlechte daselbst gesehen hatte.

Da durch alle diese Umstände die Neugierde der Kaiserin
in Betreff des Wesens der Freimaurerei rege geworden war,
und die Ordensfeinde unaufhörlich in sie drangen, den
Maurerbund in ihren Staaten in Folge der erlassenen zwei

päpstlichen Bannbullen von 1738 und 1751 ganz aufzuheben, so glaubte sie in ihrer Verlegenheit darin einen Ausweg gefunden zu haben, dass sie sich an drei bekannte Maurer, welche angesehene Staatsämter bekleideten, mit dem Ansinnen wandte, ihr über die Freimaurerei näheren Aufschluss zu geben. Da der Erfolg dieser Massregel nicht anders als unbefriedigend sein konnte, so hatten die Jesuiten freies Spiel, den Bestand der österreichischen Bauhütten nach und nach immer mehr zu untergraben und kamen damit so weit, dass endlich 1764, ein Jahr vor dem in Innsbruck den 18. August 1765 erfolgten plötzlichen Tode des Kaisers Franz I., ganz unerwartet im Namen der Kaiserin eine Verordnung erschien, wodurch in allen österreichischen Staaten der Freimaurerorden, wie solches schon ihr Vater, Kaiser Karl VI., im Jahre 1738 in den österreichischen Niederlanden gethan hatte, aufgehoben wurde.

Gleichwohl arbeitete die Loge in Wien im Geheimen fort und es ist gewiss, dass der Kaiser zur Zeit seines Todes Grossmeister der Loge zu den drei Kanonen war.

Auch in Prag, der Hauptstadt des Königreichs Böhmen, schlug unter Maria Theresien's Regierung die Maurerei ihre Bauhütten auf. Die erste Loge, welche in dieser Stadt errichtet wurde, entstand im Jahre 1749 durch die grosse Loge von Schottland. Im Jahre 1776 zählte Prag vier Logen; sie zeichneten sich durch glänzende Persönlichkeiten aus, welche sie zu Mitgliedern hatte und legten zahllose Beweise von Wohlthätigkeit an den Tag, wovon besonders die im Jahre 1778 erfolgte Gründurg des Institutes des dortigen Waisenhauses zu St. Johann dem Täufer, eine der herrlichsten Stiftungen jener Zeit, hervorgehoben werden muss.

Um im weiteren Verlaufe dieser Monographie nicht abermals auf die Prager Logen zurückkommen zu müssen, möge die

Bemerkung Platz greifen, dass in der Hauptstadt Böhmens zeitweilig folgende Logen bestanden haben:

1. Die altschottische Loge: Kasimir zu den neun Sternen,
2. die Provinzial-Loge von Böhmen,
3. die Loge zu den drei gekrönten Sternen,
4. die Loge Union,
5. die Loge zu den drei gekrönten Säulen, und
6. die Loge Wahrheit und Einigkeit zu den drei gekrönten Säulen.

Die letztgenannte Loge war die berühmteste und ausgezeichnetste; ein in Druck erschienenes Werk unter dem Titel: „System der Freimaurerloge Wahrheit und Einigkeit u. s. w. (Philadelphia 1794)" enthält ihr Gesetzbuch, die Rituale der drei symbolischen Grade und ihre Annalen. Sie zählte im Jahre 1790 hundert und ein Mitglied, wozu die berühmtesten und gelehrtesten Männer jener Zeit gehörten, wovon hier nur namentlich angeführt werden:

Graf Joseph von Canal, Meister des Stuhles,

Doctor Ignaz Cornova, Professor,

Doctor Franz Gerstner, Professor,

Franz Graf von Hartig, k. k. Kämmerer,

Johann Rudolf Jablonszky, Doctor der Rechte,

die Grafen Vincenz und Anton Franz von Kolowrat,

Graf Procop von Lazansky,

August Gottlieb Meissner, Professor und bekannter Schriftsteller,

Franz Karl v. Reilly,

Georg Prohaska, Professor,

Karl Ungar, Domherr,

Dagobert Sigmund Graf von Wurmser, General der Cavallerie.

Nach dem Tode Kaiser's Franz I. (1765) regierte Maria Theresia noch fünfzehn Jahre, ohne dass die Freimaurerei in ihren Staaten weiter behelligt oder beunruhiget wurde, was eine natürliche Folge der diplomatischen Verhandlungen war, welche um diese Zeit zwischen den katholischen Höfen und dem päpstlichen Stuhle wegen Aufhebung der Jesuiten gepflogen wurden. Da dieser geistliche Orden während dieser Zeit um seine eigene Erhaltung, obgleich, wie die Geschichte gezeigt hat, ohne Erfolg, zu kämpfen hatte, so musste er schon desshalb seine Angriffe gegen die Freimaurerei einstellen.

Wir können den Geschichtsabschnitt der Freimaurerei in Oesterreich unter Maria Theresia, die den 19. Nov. 1780 starb, nicht schliessen, ohne von einer ihrer Töchter Erwähnung zu thun, die sich um den Maurerbund nicht wenig verdient gemacht hat. Es ist die Erzherzogin Karolina (geboren den 13. August 1752 und gestorben im k. k. Lustschlosse zu Hetzendorf bei Wien den 8. Sept. 1814), welche die Gemalin Ferdinand's VI., Königs beider Sicilien war. Als anerkannte Beschützerin der Freimaurerei nahm sie sich, als nach Erlassung des königlichen Edictes vom 12. Sept. 1775, womit über die Brüder die härtesten Strafen verhängt wurden, in Neapel eine Loge aufgehoben worden war, der gefangenen Mitglieder derselben bei ihrem Gemale kräftigst an, so dass sie insgesammt die Freiheit erhielten. Sie trug auch wesentlich dazu bei, dass im Jahre 1783, und zwar mit dem königlichen Edicte vom 28. Jänner d. J. in Neapel alle gegen die Freimaurerei früher ergangenen Dekrete und Verbote förmlich widerrufen und den Brüdern sogar gestattet wurde, sich unter der Aufsicht der Stadt-Junta von Neapel unbeirrt versammeln zu dürfen.

Die Gründung der St. Josephs-Loge fällt in das Jahr 1771, hiemit in die Theresianische Regierungs-Epoche, wie solches in der Folge ausführlicher dargelegt werden wird.

--- ∽ ---

Die Freimaurerei unter Kaiser Joseph II.
1780 — 1790.

Die Josephinische Regierungszeit, oder das Decennium von 1780 — 1790, war die Glanzperiode des Maurerordens in Oesterreich. Dieser Zeitraum schliesst daher den grössten Theil der Geschichte der Maurerei in Oesterreich in sich, denn beinahe alle ausgezeichneten und gelehrten Männer Wiens waren, wie wir sehen werden, damals Freimaurer. In der sicheren Voraussetzung, dass Joseph II. die Freimaurerei in seinen ausgedehnten Staaten nicht nur dulden, sondern auch unterstützen würde, hatten sich schon in den letzten Jahren der Regierung seiner Mutter die hellsten Köpfe der Hauptstadt in einem Bunde vereinigt, dessen allgemeiner Zweck die Verbreitung der wahren Aufklärung, die Bekämpfung der lichtscheuen, clericalen Partei und Unterstützung talentvoller junger Männer war. Kaum lag Theresia in der Ahnengruft ihres erlauchten Hauses bei den Kapuzinern am neuen Markte, so trat dieser Männerverein auch schon als erste Wiener Loge jener Zeit an den Tag. Ihre erste äussere Wirksamkeit bestand darin, dass sie die vom Kaiser im Jahre 1781 freigegebene Presse benützte, um die grossen Reformen, die Joseph vor hatte, mit allen ihr zu Gebote stehenden Kräften zu unterstützen und sich selbst zu consolidiren.

Diese Wirksamkeit der Maurerei zog des Kaisers Aufmerksamkeit auf sich. Die Gegner des Ordens suchten ihn in der ersten Zeit seiner Regierung gegen denselben einzunehmen, er entgegnete aber denselben, dass er zwar in die

Geheimnisse der Freimaurerei nicht eingeweiht sei, da er
aber wisse, dass dieselbe nur gute Zwecke verfolge, indem
sie Nothdürftige unterstütze und sich es statutenmässig vor-
gesetzt habe, das menschliche Elend nach Möglichkeit zu
beseitigen und die Wissenschaften zu befördern, gestatte Er,
dass in seinen gesammten Staaten die Freimaurer-Logen
fortbestehen und so lange auf seinen Schutz rechnen dürften,
als sie sich den Landesgesetzen fügen würden.

Diese anerkannte Duldung und dieser negative Schutz,
welchen Joseph dem maurerischen Bruderbunde angedeihen
liess, war so erfolgreich, dass nach einigen Jahren es im
ganzen Kaiserstaate nur sehr wenige Städte von einiger Bedeutung gab, wo sich nicht eine oder mehrere Freimaurer-
Logen erhoben hätten. Wir werden unten das Verzeichniss
dieser Logen mittheilen und bringen hier nur vorläufig die
Gründung der grossen Landesloge zur Sprache.

Am 22. April 1784 versammelten sich im Orient zu
Wien die Provinzial-Logen von Böhmen, Ungarn, Siebenbürgen und Oesterreich, um sich über die Wahl des Landes-
Grossmeisters zu vereinigen, und eine grosse Landesloge in
Wien zu gründen. Nachdem die schon vorher gemeinschaftlich verabredeten Obliegenheiten und Rechte, so wie die
innere Verfassung dieser neuen grossen Landesloge von den
versammelten vier Provinzial-Logen gutgeheissen und angenommen worden waren, wurde jener Bruder, dem der Orden
vorzüglich in den k. k. Staaten seine Aufnahme verdankt,
der damalige Oberstkämmerer Graf von Dietrichstein, einstimmig zum Landes-Grossmeister erwählt.

Die Gründung dieser grossen Landesloge, welche bestimmt war, in Zukunft den Vereinigungspunkt der ganzen
Maurerei in den österreichischen Staaten abzugeben, war
sehr wichtig und wurde daher von dem ganzen Orden freudig
begrüsst und gefeiert. Bei dieser Gelegenheit verlangten die

versammelten österreichischen Logen eine gänzliche Unabhängigkeit und eine Gleichstellung mit der grossen Landesloge zu Berlin. Allein die Verhältnisse, welche im Innern
des Maurerbundes (vom Zinnendorf'schen Systeme) bestehen,
machten die Gewährung dieses Wunsches unmöglich.

Man sandte daher den dänischen Husaren - Rittmeister
Franz Heinr. Aug. von Sudthausen, Zinnendorf's Vertrauten,
nach Wien, um die dortige Brüderschaft über diesen Punkt
zu belehren. Er entledigte sich dieses Auftrages mit so gutem
Erfolge, dass die österreichischen Logen sich erst dann von
der grossen Landesloge von Berlin trennten, als ihnen der
Kaiser befahl, sich unabhängig und selbständig zu machen.

Auch hierüber beschwichtigte Sudthausen die Wiener
Brüder; er bestimmte die Verhältnisse der Provinzial-Loge
von Oesterreich näher und setzte den von ihnen gewählten
Grafen von Dietrichstein als Provinzial - Grossmeister ein.
Hierauf richtete Sudthausen mit dem Beistande des Ungars
Kossela di Solna die Säulen des Bundes auch in dessen Vaterlande auf, beförderte den Herzog Albrecht von Sachsen-
Teschen (Gemal der Erzherzogin Maria Christine und Schwager Joseph's II.) in der kaiserlichen Burg in Wien selbst in
die höheren Grade, versuchte es auch den Kaiser dem Bunde
zu gewinnen und kehrte hierauf nach Hamburg zurück, wo
er sich gewöhnlich aufhielt.

Die Freimaurerei bestand in den österreichischen Staaten
von 1784 bis zu Ende 1785 aus 45 Johannes-Logen, welche,
wie gesagt, bei der eingeführten Verfassung die gesetzgebende und vollziehende Gewalt durch die unter sich errichteten Bezirks- und Provinzial - Logen und endlich durch die
grosse Landesloge in Wien, als die Versammlung der Repräsentanten aller österreichischen Logen ausübten, je nachdem der Fall einzelne Logen, Provinzen oder das Allgemeine
betraf.

Zur Provinzial-Loge in Oesterreich gehörten 17 Johannes-Logen, in folgenden sieben Städten vertheilt:

Wien: zu den drei Adlern, — zur Beständigkeit, — zur wahren Eintracht, — zu den drei Feuern, — zur gekrönten Hoffnung, — zum h. Joseph, — zum Palmbaum, — zur Wohlthätigkeit.

Freiburg im Breisgau: zur edlen Aussicht.

Görz: zur Freimüthigkeit.

Grätz: zu den vereinigten Herzen.

Klagenfurt: zur wohlthätigen Marianen.

Innsbruck: zu den drei Bergen, — zum symbolischen Cylinder.

Linz: zu den sieben Weisen.

Passau: zu den drei vereinigten Wässern.

Triest: zur Harmonie und allgemeinen Eintracht.

———

Zur Provinzial-Loge von Böhmen gehörten sieben Johannes-Logen in drei Städten:

Prag: zu den drei gekrönten Säulen, — zu den drei gekrönten Sternen, — zur Union, — zur Wahrheit und Einigkeit.

Brünn: zu den vereinigten Freunden, — zur aufgehenden Sonne.

Klattau: zur Aufrichtigkeit.

———

Zur Provinzial-Loge von Galizien gehörten vier Johannes-Logen in drei Städten:

Lemberg: zur aufrichtigen Freundschaft, — zur runden Tafel.

Tarnow: zu den drei rothen Bändern.

Temesvar: zu den drei weissen Lilien.

———

Die Provinzial-Loge der Lombardei bestand aus zwei Johannes-Logen :

Mailand : á la Concordia.

Cremona : S. Paul Celeste.

Die Provinzial-Loge in Siebenbürgen zählte drei Johannes-Logen in zwei Städten :

Hermannstadt: Andreas zu den drei Seeblättern, — zum geheiligten Eifer.

St. Philippen in der Bukowina: zu den tugendhaften Weltbürgern.

Die Provinzial - Loge in Ungarn bestand aus zwölf Johannes-Logen in zehn Städten :

Pest: zur Grossmuth.

Agram: zur Klugheit.

Karlstadt: zur Tapferkeit.

Eberau: zum goldenen Rad.

Eperies: zu den tugendhaften Reisenden.

Essegg: zur Wachsamkeit.

Gyarmath: zum tugendhaften Pilgrim.

Miskolz: zu den tugendhaften Kosmopoliten.

Presburg: zur Sicherheit, — zur Verschwiegenheit.

Warasdin: zur Freundschaft, — zum guten Rathe.

Die grosse Landesloge in Wien hielt alle sechs Monate an bestimmten Tagen ihre ordentliche Versammlung und wurde in besonderen Fällen von dem Landes - Grossmeister zusammenberufen.

Auf gleiche Art versammelten sich die Provinzial-Logen alle drei Monate, und die Bezirks-Logen alle Monate.

Wie in den Johannes-Logen jedes Mitglied eine Stimme hatte, ebenso hatte jede Johannes-Loge in ihrer Bezirks-Loge, diese in der Provinzial - Loge, diese wieder in der grossen

Landesloge ihre Stimme; so dass in den Bezirks - Logen die
Johannes-Logen, in den Provinziallogen die Bezirks-Logen
und in der grossen Landes-Loge die Provinzial-Logen Vota
curiata hatten, deren Mehrheit durchaus entschied.

Nach den Gesetzen übten die Repräsentanten der Johannes-Logen in den höhern Logen nur dann die gesetzvoll-
streckende Gewalt aus, wenn es sich um die Anwendung
eines Gesetzes auf einen besonderen Fall handelte. Kam es
dagegen auf die Einführung von Neuerungen oder auf
authentische Erklärung schon bestehender Satzungen an, so
wurde die Sache an die Johannes-Loge gebracht, welche sich
zur Ertheilung eines gemeinschaftlichen Votums in den Bezirks-Logen, diese in den Provinzial-Logen, und diese in
der grossen Landesloge vereinigten.

Nur in besonders dringenden Fällen gestatteten die Johannes - Logen, dass dieser Geschäftsgang eine Aenderung
erlitt. Sie sandten eigene Bevollmächtigte an die grosse Landesloge, um auf kurzem Wege eine Sache abzuthun, von
deren Verzug Gefahr für das Ganze zu besorgen gewesen wäre.

Auf diese Weise wurden die Berathungen über die Einrichtung sämmtlicher, mit der grossen Landesloge verbundenen Logen bis zu Ende 1785 gepflogen, und hierin bestand
die Verfassung der Maurerei in den österreichischen Staaten
von 1784 bis Ende 1785.

Die Loge zur wahren Eintracht war damals die vorzüg-
lichste unter den Wiener Logen. Sie vereinigte die besten
Köpfe jener Zeit; ihr Hauptverdienst bestand darin, dass sie
den wissenschaftlichen Theil des Baues fleissig betrieb und
den Afterbau der übrigen Logen niederzureissen suchte,
worüber sie von diesen nicht wenig angefeindet wurde.

Dies beweiset der Umstand, dass ein aufgeklärter Maurer,
nämlich der Verfasser der „Briefe eines Biedermanns an einen
Biedermann über die Freimaurerei in Wien", München 1786,

öffentlich sein Bedauern ausgedrückt hat, dass die Brüder der Loge zur wahren Eintracht, welchen er übrigens volle Gerechtigkeit widerfahren lässt, manchmal das Kind mit dem Bade verschütteten und in ihrem Eifer wesentliche Stücke des Ordens angriffen. Er macht dem grossen Sonnenfels den Vorwurf, er habe in einer schön geschriebenen Rede den Maurer-Eid lächerlich machen, oder wenigstens beweisen wollen, dass es lächerlich sei, von Leuten, die nie etwas erfahren können, einen fürchterlichen Eid zu verlangen, dass sie nichts sagen würden; indem dieser grosse Redner nicht bedachte, dass dieser Eid als Hieroglyphe einen wesentlichen Theil der Ordensverhältnisse ausmache. Der Verfasser glaubt auch, dass Born in einer Abhandlung über die Wichtigkeit der Magie etwas zu weit gegangen sei, indem der Mensch nicht alle Naturkräfte kenne, und es Dinge in der Welt gebe, über die, wie Lavater sagt, der grösste Philosoph den Finger auf den Mund legen müsse. Er fällt daher über diese Loge das Urtheil, dass sie zwar aus vortrefflichen und gelehrten Männern bestehe, dass er aber nur einen einzigen echten Maurer unter ihnen kennen gelernt habe.

Diese Loge zur wahren Eintracht erhielt am 16. März 1780 ihre erste Constitution und ihre Stifter sind Ignaz Born und Benedict Franz Herrmann, und schon drei Tage später (den 19.) wurde von ihr das erste Josephsfest zu Ehren des Kaisers begangen. Dieser Loge wurde der berühmte Sonnenfels am 6. Juli 1782 einverleibt. Bei der Einweihung des neuen Tempels am 7. Februar 1783 erschien von Blumauer ein Gedicht, welches gedruckt wurde. Denkwürdig sind die Tafellogen, welche am 15. August 1784 zu Ehren der Anwesenheit des Bruders Johann Georg Forster, des berühmten Weltumseglers, und jene, die am 10. Mai 1785 zu Ehren der von Born gemachten wichtigen Entdeckung der Anquickung gehalten wurden.

Auch um die Literatur machte sich diese Loge verdient.
Im Jahre 1783 vereinigten sich ihre Mitglieder, welche Na-
turforscher und Physiker waren, zur Herausgabe einer Vier-
teljahr-Schrift, woran auch auswärtige Maurer Theil nahmen.
Der Titel war: „Physikalische Arbeiten der einträchtigen
Freunde in Wien." (Sie erschien bei Christian Frind-Wappler
in Quart, mit Kupfern. Von 1783 bis 1788 kamen sieben
Quartale heraus.) — Am 30. Jänner 1784 gründete diese Loge
nach dem Antrage des Herrn von Sonnenfels eine Privat-
Gesellschaft der Wissenschaften in Wien; sie löste sich jedoch
sehr bald wieder auf. In demselben Jahre erschienen die
„Gedichte und Lieder der Loge zur wahren Eintracht im
Oriente von Wien." — Endlich verdankt auch dieser Loge
die maurerische Zeitschrift: „Journal für Freimaurer" ihre
Entstehung, die, ohne Censur, als Manuscript gedruckt und
in 500—600 Exemplaren unter die Brüder vertheilt wurde.
(Von 1784—1786 erschienen 12 Bände in 8.)

Mitglieder der damaligen Hauptloge zur wahren Eintracht waren:

Alxinger, Joh. Bapt. von, Hofagent bei der Hofkanzlei
und Obersten Justizstelle, trat 1785 aus der Loge zum
S. Joseph über.

Baumberg, Joh. Florian, Hofkanzlei-Archivarius.

Bianchi, Joseph Anton von, Adjunct an der k. k. Hofbibliothek.

Birkenstock, Melchior Edler von, Rath bei der Akademie
der bildenden Künste, k. k. Hofrath und Director der
Humanioren.

Blumauer Alois, Bücher-Censor, Secretär und geschätzter
Dichter.

Born, Ignaz Edler von, Hofrath, Meister vom Stuhle und
später Provinzial-Grossmeister.

Denis, Michael, Abbé und Custos an der Hofbibliothek.

Dietrichstein, Franz de Paula Graf von, Oberst-Kämmerer, Landes-Grossmeister.

Eckhel, Joseph, Doctor der Philosophie, Director des k. k. Münz- und Medaillen-Kabinets, Professor an der Universität.

Friedrich, Karl Julius, Secretär des Reichshofrathes Karl Chr. Grafen von der Lippe.

Greiner, Franz Sales von, Hofrath bei der Hofkanzlei und Beisitzer der Studien - Hofcommission (Vater der vaterländischen Schriftstellerin Karoline Pichler).

Gretzmüller, Joh. Nep. von, Rechnungsrath der Münz und Bergwesens-Hofbuchhaltung.

Haegelin, Franz Karl von, Regierungsrath und k. k Theatral- und Bücher-Censor.

Haidinger, Karl, Adjunct vom k. k. Naturalien-Kabinet.

Haslinger, Johann Adam, Doctor der Philosophie und k. Rath.

Haydn, Joseph, Kapellmeister des Fürsten Nikolaus Esterhazy, berühmter Tondichter. (1785 aufgenommen.)

Hess, Franz, Accessist beim Hofkriegsrathe.

Kesner, Franz von, Weltpriester, Lehrer der höheren Mathematik an der Universität.

Kreil, Correpetitor der Philosophie am Theresianum (trat 1785 aus).

Kresel, Franz Freiherr von, geheimer Rath, k. k. Kämmerer und Präses der geistlichen Hofcommission.

Leber, Ferdinand Edler von, k. Rath und Professor der Chirurgie und Anatomie an der Universität.

Leon, Gottlieb, Amanuensis an der Hofbibliothek.

Märter, Franz Joseph, Professor der Naturgeschichte und Oekonomie am Theresianum.

Mayer, Jos., Doctor der Philosophie, Professor an der Universität.

Michaeler, Karl, Custos an der Universitäts-Bibliothek.

Oekhel von Helmberg, Jos., Doctor der Philosophie und Kanzlist der geheimen Reichshofkanzlei.

Paradis, Jos. Anton, Hofsecretär.

Pehem, Jos. Joh. Nep., Regierungsrath, Doctor der Rechte und Professor des Kirchenrechtes an der Universität.

Prandstetter, Martin Jos., damals magistratischer Raths-protocollist, trat 1785 aus der Loge zum h. Joseph über.

Ratschky, Jos. Franz, Hof-Concipist.

Retzer, Joseph Edler von, Bücher-Censor und damals Hof-Concipist, 1785 aufgenommen.

Ribini, Daniel.

Sauer, Wenzel Graf von, Kämmerer und k. k. Hofrath der Hofkanzlei.

Saurau, Franz Graf von, Kämmerer und Kreiscommissär.

Sauter, Jos. Georg Anton, trat den 14. März 1783 aus, weil er zum Professor der Logik, Metaphysik und Moral an der Universität zu Freiburg in Breisgau er-nannt worden war, wo er als Meister vom Stuhle die Loge zur edlen Aussicht am 20. Dec. 1784 eröffnete.

Schittlersberg, Augustin Veit von, damals Rechnungs-Official der Kameralhauptbuchhaltung, Meister vom Stuhle (ist der Verfasser des lateinischen Gedichtes über den Prater und wurde unter Franz II. General-Rechnungs-Director).

Sonnenfels, Joseph von, von europäischem Rufe.

Spielmann, Anton Edler von, k. k. Hofrath und geheimer Staats-Official, Erbauer des nach ihm genannten schönen Hauses am Graben.

Stoll, Maximilian, k. Rath, Professor der Arzneiwissen-schaft an der Universität.

Stiltz, Andr., Canonicus bei St. Dorothea in Wien und Professor der Naturgeschichte und Geographie an der Real-Akademie.

Stuppi, Vincenz Georg Freiherr von, Ritter des Stephansordens, Hofrath, Oberst in der Armee (1785 aufgenommen).

Unterberger, Leopold, Major der k. k. Feld-Artillerie.

Weber, Franz Philipp, Hofsecretär des niederländischen Departements der geheimen Hof- und Staatskanzlei, er war Ceremonien-Meister der Loge zur Wahrheit.

Die Loge zur gekrönten Hoffnung ist nach jener zu den drei Kanonen die älteste Wiener Loge; sie entstand unter Theresia und erhielt im Jahre 1782 zu Josephs Zeiten einen neuen Tempel. Am 1. Sept. 1783 feierte sie im Vereine mit den Logen zu den drei Adlern und zur Beständigkeit das Johannesfest, wobei eine Cantate vom Bruder Friedel „Joseph, der Menschheit Segen!" producirt wurde.

Die Loge zur Beständigkeit wurde im Jahre 1783 gegründet und ging 1786 ein. Die bekanntesten ihrer Brüder sind :

Bauernjöppel, Joseph, Kanzlist bei der Hofkanzlei.

Ellinger, Johann Michael, Raitofficier bei der Banko- und Gefällen-Hofbuchhaltung, später Hofrath bei dem General-Rechnungs-Directorium.

Friedel, Johann, Schauspieler im Schikaneder'schen Theater.

Gemmingen, Otto Freiherr von.

Als Brüder der Loge zum Palmbaum findet man aufgezeichnet :

Geymüller, Johann Heinrich, Grosshändler.

Geymüller, Jakob, Grosshändler.

Haschka, Lorenz Leopold, bekannter Dichter.

Rozzl, Johann, Secretär und Bibliothekar des Staatskanzlers Fürsten Wenzel von Kaunitz.

Zur Loge zu den drei Adlern gehörten: Franz von Hebenstreit, Platz-Oberlieutenant und Adjutant des Generals Grafen von Harrach, und Johann Hackel, Handelsmann und Besitzer eines Glückhafens; ersterer war einige Zeit hindurch Meister vom Stuhl und sein Name, so wie jener Hackels, wurden in der Folge der Maurerei in Wien sehr unheilvoll.

Die ebenfalls im Jahre 1783 gestiftete Loge zur Wohlthätigkeit zählte unter ihren Brüdern den bekannten Schriftsteller Leopold Alois Hoffmann.

Die Loge in Brünn zu den wahren vereinigten Freunden schloss sich, wie Kloss (I. in seinen Annalen der Loge zur Einigkeit, S. 227) sagt, im Jahre 1783 dem Freimaurerbunde in Frankfurt a. M. an. Dasselbe thaten auch die Logen zur edlen Aussicht zu Freiburg in Breisgau, zur Fürsicht in Salzburg und zur allgemeinen Harmonie und Eintracht in Triest.

Die Loge zur edlen Aussicht zu Freiburg in Breisgau wurde am 20. Dec. 1784 von Joseph Georg Anton Sauter eröffnet, der Meister vom Stuhle und Professor an der dortigen Hochschule war.

Der Graf von Collowrat - Liebsteinsky, in dem System der strikten Observanz Eques ab aquila Fulgente genannt, erhielt im Anfange des Jahres 1784 von der Directorial-Loge zu Wetzlar das Constitutionspatent zur Errichtung der Loge der wahren vereinigten Freunde in Brünn. Bald darauf begab er sich nach Leipzig, wo er eine neue Loge errichtete, die er zu seinen Lieblingsstudien Alchimie und Magie benutzen wollte; diese Loge wurde desshalb von der Provinzial-Loge in Frankfurt (1786), wohin er sich zur Anerkennung wandte, abgewiesen.

Die im Jahre 1783 neu errichtete Loge zu den sieben Weisen in Linz beging ihr erstes Johannesfest nicht ohne Ausübung mildthätiger Handlungen. Sie wählte aus den lateinischen Schulen sechs und aus den deutschen drei der fähigsten, fleissigsten und zugleich dürftigsten Schüler, welche im Hause des Hofraths von Sorgenthal, der ebenfalls Freimaurer war, bewirthet und reichlich mit Wäsche und Kleidung beschenkt wurden. Der Maurer Scharf ermahnte sie zum Schlusse in einer in Druck erschienenen Anrede zur Tugend und Rechtschaffenheit. Die desshalb erschienene kleine Schmähschrift: „Die Freimaurer auf der Gimpelinsel" zeigt, dass es auch in Linz Feinde des Ordens gab, und die auch das Gute begeifern, wenn es ihrer Selbstsucht nicht zusagt.

Ein Seitenstück zu diesem Acte der Mildthätigkeit hat Wien aufzuweisen, da die Loge zum h. Joseph ein Taschenbuch für Brüder Freimaurer auf das Jahr 1784 und zwar zum Besten der Armen herausgab. Obgleich diess auf dem Titelblatte ausdrücklich angegeben war, fand sich doch in Wien ein Nachdrucker, der den Dürftigen diesen Nothpfennig zu rauben trachtete.

Auch der Dichter von Alxinger, Mitglied derselben Loge zum h. Joseph, kündigte damals an, er werde sowohl seine maurerischen als profanen Gedichte zum Besten der Armen herausgeben. Die Mildthätigkeit der Freimaurer beschränkte sich aber nicht auf den Erlös dieser literarischen Erzeugnisse allein; sie that sich allenthalben weit nachdrücklicher hervor.

Als im Jahre 1784 die aus ihren Ufern getretene Donau in und um Wien vielen Schaden verursachte, suchten die Freimaurer-Logen demselben mit vereinigten Kräften zu steuern. Eine derselben schickte ihren Schatzmeister nach

Schönau bei Baden, ein Dorf, das durch Ueberschwemmung
am meisten gelitten hatte, mit einer ansehnlichen Summe,
um dort den Verunglückten nach Massgabe ihrer Dürftigkeit,
jeden mit 10 fl. oder mit 5 fl. zu betheilen. Der Mangel an
Lebensmitteln, den die ausgetretene Donau in den Vorstädten
Rossau und Leopoldstadt verursacht hatte, veranlasste eine
andere Loge, täglich, so lange die Noth währte, dort ge-
kochtes Fleisch, Zugemüse, Milch und Brod vertheilen zu
lassen.

Ein Bruder der Wiener Loge zur Wohlthätigkeit hatte
den glücklichen, vom schönsten Erfolge gekrönten Gedanken, ein Gedicht unter dem Titel: „Der Bettler für die durch
die Wassergefahr verunglückten Armen an die Herzen aller
Menschenfreunde", auf einem halben Bogen drucken zu lassen und zum Vortheil der Nothleidenden für 20 kr. zu ver-
kaufen. Es floss eine Summe von 4184 fl. 24 kr. ein, welche
dem neuen, unter der Direction des Grafen Bouquoi stehenden Armeninstitute zur Vertheilung übergeben wurde.

Nicht weniger thätig war die Menschenliebe der Freimaurer in Prag. Einige angesehene Maurer unternahmen in
eigener Person die Rettung der Unglücklichen, welche in
Gefahr waren, als die ausgetretene Moldau die Kleinseite
von der Alt- und Neustadt ganz abgeschnitten hatte. In Folge
dessen erkrankte ein Maurer an einer Erkältung, und ein
Anderer wäre ertrunken, wenn ihn nicht ein junger Jude
aus Wien bei den Haaren aus den Fluten gezogen hätte.
Auch traten in Prag 31 Maurer zusammen und erboten sich,
nicht nur in den Häusern, sondern auch während der Fasten-
Predigten durch drei Tage an allen Kirchen Prags Almosen
für die Armen zu sammeln. Man sah nun manche Grafen,
Kämmerer und hohe Beamte an den Kirchenpforten mit der
Sammelbüchse stehen und für die Dürftigen um Almosen
bitten. Eine Summe von beinahe 11.000 fl. war der Lohn

3

dieser seltenen, nachahmungswürdigen Hingebung, zu welcher der Maurer Fürst Clary wesentlich beigetragen hatte.

In Leitmeritz, wo die Elbe Tod und Verderben brachte, erwarb sich der Freimaurer Caspar Wieser, Ziegel-Entrepreneur, um die Verunglückten ein unvergängliches Verdienst. Er belud ein Schiff mit Lebensmitteln und drang damit mit Lebensgefahr durch ein Meer von Eisschollen an das andere Ufer, von woher das laute Angstgeschrei der Nothleidenden zu ihm herüberklang. Fast einen ganzen Tag rang er mit der stürmischen Flut und brachte am Abend sein Fahrzeug, ganz mit geretteten Weibern, Männern und Kindern gefüllt, nach seiner Behausung zurück, wo sie herzlich gehegt und gepflegt wurden.

Das schnelle Aufblühen der Maurerei, der hohe Rang und die ausgezeichnete Stellung, welche die meisten Ordensbrüder im Staate einnahmen und die grosse Zahl der entstandenen Logen bewogen gegen Ende des Jahres 1785 den Kaiser, in Betreff der Freimaurerei unterm 1. Dec. des genannten Jahres ein von ihm eigenhändig geschriebenes Cabinetschreiben in Betreff der Regulirung der Freimaurerei in seinen Staaten zu erlassen. Er verordnete damit, dass in den Hauptstädten der verschiedenen Erbländer höchstens drei, in Provinzial-Städten aber, wo keine Landesregierungen ihren Sitz hätten, gar keine Logen erlaubt sein sollten; — dass ferner die Verzeichnisse der Mitglieder jeder Loge bei den Regierungen eingereicht, und die Tage der Logen-Versammlungen, so wie in jedem Jahre die erwählten Logenmeister angezeigt werden müssten, wogegen alle Landesregierungen den Freimaurern vollkommene Freiheit und Schutz zu gewähren hätten. Zum Schlusse verfügte der Kaiser noch, dass, wenn gegen diesen seinen Befehl in Städten, in welchen keine Logen bestehen dürfen, sich gleichwohl Winkellogen

bilden sollten, die Theilnehmer daran nach den für verbotene
Spiele bestehenden Gesetzen zu bestrafen seien.

Diese kaiserliche Verfügung brachte in der österreichischen Freimaurerei überhaupt und insbesondere in den Logen
der Hauptstadt Wien eine grosse Veränderung oder vielmehr
eine gänzliche Umstaltung hervor.

Gleich nach dem Erscheinen dieser Verordnung forderte
der Landes-Grossmeister, Graf von Dietrichstein, durch ein
Schreiben alle acht Johannes-Logen in Wien auf, durch zwei
mit unbedingter Vollmacht versehene Deputirte von jeder
derselben den 20. Dec. 1785 um 5 Uhr Abends sich bei einer
von ihm zusammengerufenen Versammlung vertreten zu lassen, und von diesem Tage an alle maurerischen Arbeiten einzustellen, so wie am folgenden Tage alle Acten und Schätze
unter Siegel zu verschliessen. Als die 16 Deputirten am
2. Dec. versammelt waren, kamen folgende drei Punkte zur
Verhandlung:

1. Dass alle Johannis-Logen in Wien aufhören sollten;

2. dass dagegen drei neue Logen zu errichten und zu
diesen von der Landesloge im Vereine mit den 16 Deputirten
drei Grossmeister zu bestimmen wären, und

3. dass die gesammten Brüder bei den drei neuen Logen
die Aufnahme ansuchen sollten, was durch die gewöhnliche
Ballotte entschieden werden müsste.

In Betreff des ersten Punktes waren die 16 Deputirten
ganz einig; nur hinsichtlich einer Loge erhob sich ein Bedenken, da sie ohne Geräthe war und eine Schuldenlast von
600 fl. hatte. Ein Bruder von einer andern Loge übernahm
aber die Tilgung dieser Schuldpost, wodurch jeder Anstand
beseitigt war.

Die Vereinigung der acht Wiener Logen in drei geschah
auf folgende Weise: die erste neue Loge entstand aus der
Verschmelzung der Loge zu den drei Feuern (Kanonen),

3 *

und der Loge zur Wohlthätigkeit, die zweite durch die Verbindung der Logen zur gekrönten Hoffnung, zum heiligen Joseph und zur Beständigkeit und die dritte durch die Vereinigung der Logen zum Palmbaum, zu den drei Adlern und zur wahren Eintracht.

Fast eben so schnell wurde von den 16 Deputirten der zweite Punkt entschieden; die drei vereinigten Logen zur gekrönten Hoffnung, zur Beständigkeit und zum heiligen Joseph wählten allsogleich ihren Grossmeister in der Person eines Cavaliers, der sich durch eifrige Verfechtung der Sache der Maurerei unvergessliche Verdienste um den Orden erworben hatte. Es war abermals der Graf von Dietrichstein.

Ueber den dritten Punkt, die Aufnahme der Brüder in die drei neuen Logen und die Ballotte betreffend, entspann sich eine heftige Debatte. Man machte bemerklich, dass die Ballotirung ungerecht und gesetzwidrig und unbrüderlich sei; wogegen erwidert wurde, man wolle den durch die Ballotte ausgeschlossenen Brüdern wohl gestatten, die Logen zu besuchen, ohne sie aber förmlich als Mitglieder der Logen anzuerkennen. Als die Einwendung gemacht wurde, dass auf diese Weise der Kaiser, dem ein Verzeichniss sämmtlicher Brüder vorgelegt werden müsse, getäuscht werden würde, schlug ein Bruder die Abfassung einer doppelten Liste vor; nämlich eine der wirklichen und eine der besuchenden Brüder. Born, welcher sich unter den Deputirten befand, und der sah, dass die Ballotte dem grössten Theil derselben nicht zusagte, erklärte nun ein minder gehässiges Mittel ersinnen zu wollen, welches denselben Zweck, die Maurerei von ihrer Hefe zu reinigen, herbeiführen würde.

Bei der Abstimmung der Ballotte waren zwei von den neuen Logen gegen und eine für dieselbe. Gegen die Ballotte stimmten:

Sonnenfels und Sauer von der Loge zur wahren Eintracht,

Fürst Karl von Liechtenstein und Fürst Paar von der Loge
zur gekrönten Hoffnung;

Ellinger und Gemmingen von der Loge zur Beständigkeit;

Le Noble und Linden von der Loge zum heiligen Joseph.

Der Landes-Grossmeister Graf von Dietrichstein er-
stattete über die Resultate dieser Sitzung vom 20. Dec. einen
Bericht nach Hof, und theilte der Landesloge in der Abend-
Versammlung vom 24. Dec. eine kaiserliche Vollmacht in
Betreff der ihm ertheilten Bewilligung zur Reformirung der
Logen mit. Er erklärte, dass er, ungeachtet ihm das Recht
zustände, für sich allein neue Einrichtungen treffen zu können, er diese gleichwohl der Loge in Vorschlag bringen
wolle.

Diese neuen Vorschläge waren:

1. Dass statt den drei von der Versammlung angetragenen
neuen Logen deren in Zukunft in Wien nur zwei bestehen
sollten;

2. dass, da jede der nun zu bildenden Logen aus vier
alten Logen bestehen solle, aus jeder dieser vier Logen sechs
Mitglieder ausgehoben werden sollten, welche aus ihrer Mitte
den Grossmeister, den Deputirten-Meister und die Beamten
zu wählen und überhaupt der Maurerei eine solche Umstaltung zu geben hätten, dass es von ihrem Ermessen abhinge,
die Mitglieder der vorigen acht Logen aufzunehmen oder zu
verwerfen;

3. dass bei jeder der zwei neuen Logen die von den 24
Bestimmenden anerkannten Brüder mit ihnen eine Stimme
für die noch anzuerkennenden haben müssten, und

4. dass für jede der zwei neuen Logen nur 180 Mitglieder gestattet würden.

Da damals die Wiener Logen zusammen mehr als 600
Brüder zählten, so bemerkte der Grossmeister, dass, wenn

durch diese Beschränkung (Punkt 4) würdige Brüder das Schicksal treffen sollte, überzählig zu werden, sie den Zeitpunkt abwarten müssten, bis sie durch Ableben oder Austritt eingereiht werden könnten.

Durch diese Reducirung der drei neuen Logen auf zwei wurden die drei Logen zur gekrönten Hoffnung, zum heiligen Joseph und zur Beständigkeit vernichtet.

Da der Grossmeister die kaiserliche Vollmacht hatte, so wurden seine Vorschläge angenommen, worauf er für jede der zwei neuen Logen einen Präsidenten ernannte, den er an die Spitze der 24 erwählten Mitglieder setzte. Bei dieser Ernennung wurden zwei Districts- und zwei Johannes-Grossmeister ausgeschlossen; es waren Sonnenfels, Grossmeister der Loge zur gekrönten Hoffnung, und Gemmingen, Grossmeister der Loge zur Wohlthätigkeit.

So standen die Sachen als am 27. Dec. die einzelnen alten acht Logen ihre letzte Zusammenkunft hielten, um sich über ihre Vereinigung oder Nichtvereinigung, und in wie weit sie die eine oder die andere würden bewerkstelligen können, zu berathen. Bei dieser Berathung haben sich jedoch nur die zwei Logen zum heiligen Joseph und zur Beständigkeit einstimmig gedeckt, oder nach ihrem Ausdrucke nicht so sehr gedeckt, als dass sie von dem ganzen jetzigen Maurer-Nexus austraten. Am folgenden 28. Dec. traten in jeder der neuen zwei Logen die ernannten 24 Brüder unter ihrem Präsidenten zusammen, und wählten den Grossmeister, den Deputirten-Meister und die Beamten.

Von den zwei neuen Logen nahm die eine den Namen der Loge zur Wahrheit und die andere jenen der Loge zur neu gekrönten Hoffnung an.

Die neue Loge zur Wahrheit bestand aus den Brüdern der aufgehobenen Logen zum Palmbaum, zu den drei Adlern und zur wahren Eintracht; — jene zur neu gekrönten Hoffnung aus den Brüdern der alten Logen zur gekrönten Hoffnung, zur Wohlthätigkeit und zu den drei Kanonen (Feuern).

Die Brüder der übrigen zwei alten Logen zur Beständigkeit und zum h. Joseph hoben ihre Logen damals ganz auf, und nur wenige Mitglieder derselben traten in die zwei neuen Logen ein. Zu den vorzüglichsten und ältesten Logen Wiens gehört jene zum heiligen Joseph, welcher ein eigener Abschnitt gewidmet ist, und von welcher desshalb nur insofern Erwähnung geschieht, als es zur Verständigung der allgemeinen Geschichte der hiesigen Freimaurerei nothwendig ist.

Beide neue Logen, jene zur Wahrheit und jene zur neu gekrönten Hoffnung, welche der ersten bald den Vorrang abgewann, wurden am 28. Dec. 1785 constituirt. Die erstgenannte Loge zur Wahrheit wurde hierauf den 6. Jänner des folgenden Jahres 1786 in einem neuen Logenort förmlich eröffnet; sie feierte in demselben Jahre auch mit vielem Gepränge den Schutz, den der aufgeklärte Kaiser dem Orden gewährt hatte.

Auch die zweite neue Loge zur neu gekrönten Hoffnung feierte 1786 ein Fest für den vom Kaiser Joseph dem Orden verliehenen Schutz, und am 13. März 1790 ein Trauerfest über den Tod dieses Fürsten; die dabei gehaltene Trauerrede gab Ignaz Alberti im Druck heraus.

Im November 1791 wurde ihr neuer Tempel eingeweiht; Bruder Schikaneder verfasste dazu eine Cantate, die Bruder Mozart in Musik setzte, der im folgenden Jahre (1792) starb und zu dessen Andenken ebenfalls ein Trauerfest gehalten wurde.

Die vorzüglichsten bekannten Mitglieder der Loge zur neu gekrönten Hoffnung sind:

Buquoy, Joh. Jos. Graf von, k. k. geheimer Rath.

Deldeno, Dominik von, k. Rath, Ritter des Stephans-
ordens, geheimer Kammerzahlmeister, Schatzmeister
und Wappenkönig des Ordens des goldenen Vliesses.

Esterházy, Franz Graf von, k. k. geheimer Rath und
Kämmerer, wurde 1785 Grossmeister der Loge zur neu
gekrönten Hoffnung.

Fuchs, Ignaz Jos. Graf von, Meister vom Stuhle.

Henschel, Leonh. Edl. von, Hofsecretär.

Ingen-Honss, Johann, k. k. Rath und Leib-Medicus.

Liechtenstein, Karl Fürst von, kommandirender General
in Nieder-Oesterreich und Präses des k. k. Judicium
deleg. m. m.

Mozart, Wolfgang Amadeus, k. k. Kammer-Compositeur.

Paar, Joh. Wenzel Fürst von, oberster Reichs-, Hof-
und General-Erbland-Postmeister.

Pálffy, Karl Graf von, erster Vicekanzler der ung. siebenb.
Hofkanzlei.

Puthon, Johann Bapt. Edler von, Grosshändler, Meister
vom Stuhle.

Schikaneder, Emanuel, Schauspieler und Theaterdirector.

Starhemberg, Ludw. Graf von, k. k. Kämmerer.

Thun, Joseph Graf von, geheimer Rath.

In demselben Jahre 1786 änderte in Folge Josephinischer
Verordnung in Brünn die Loge zur aufgehenden Sonne ihren
Namen und nannte sich sofort Loge zur Sonne der ver-
einigten Freunde.

III

Die Freimaurerei unter Kaiser Leopold II., Franz II. (I.), Ferdinand I. bis zu unserer Zeit.

1790—1850.

Bei Joseph's im Jahre 1790 erfolgten Tode stand in Betreff der Freimaurerei im Publicum Wien's die Meinung fest, dass sie seit 10 Jahren alle Stände, die noch unter seiner Mutter so sehr von einander getrennt waren, mit sanften Banden umschlossen habe und in ihre Kreise alle gebildeten Menschen, ohne Rücksicht auf ihren Rang, zulasse.

Diese der Freimaurerei so zuträgliche und sie ehrende öffentliche Meinung blieb während der zweijährigen Regierung Kaiser Leopold's II. und in den ersten Jahren der Regierung seines Sohnes und Nachfolgers Franz II. vorherrschend und hatte zunächst die Folge, dass die edle Brüderschaft während dieser Zeit, wenn auch nicht ausdrücklich anerkannt, doch stillschweigend geduldet wurde und ganz unbeirrt blieb, so sehr auch die Gegner der Maurerei beflissen waren, sie bei den neuen Beherrschern Oesterreich's zu verdächtigen und zu verunglimpfen.

Und in der That war Leopold II. ein zu aufgeklärter Fürst und er wurde von den politischen Ereignissen seiner Zeit zu sehr in Anspruch genommen, um den Einflüsterungen gegen die Freimaurerei ein geneigtes offenes Ohr zu leihen. Dieselben Verhältnisse bestanden noch zu Gunsten des Ordens nach Leopold's plötzlichem Abtreten vom Schauplatze der Welt, als Franz II. das Scepter des Reiches in die Hand nahm. Aber bald trübte sich nun der Horizont der edlen Freimaurerei. Die blutigen Kriege mit Frankreich in Folge der dortigen Revolution und die Verbindung der französischen Freimaurer mit den Logen in Deutschland bewirkten einen so mächtigen Rückschlag nach Oesterreich und vorzüglich nach Wien, dem Hauptsitze des österreichischen Bruderbundes, dass schon im Jahre 1794 ein Regierungs-Erlass erging, womit die Freimaurerei in allen österreichischen Provinzen unterdrückt wurde. Die Art und Weise, wie die Wiener Logen und insbesondere jene zum heiligen Joseph, eine der vorzüglichsten jener Zeit, ihre Arbeiten einstellten, wird im folgenden IV. Abschnitte, der von dieser Loge handelt, mitgetheilt werden.

Die im Jahre 1795 in Wien entdeckte Verschwörung Hebenstreit's, Prandstetter's u. a. m. bot unseligerweise der, dem Orden stets feindseligen clericalen Partei und der mit ihr ganz übereinstimmenden Polizei eine sehr willkommene Gelegenheit, den Kaiser Franz in seinem Widerwillen, den er ohnehin gegen die Freimaurer hegte, zu bestärken. Ein gut unterrichteter Gewährsmann, der pseudonyme Schriftsteller Realis, erzählt in Nr. 105 des österr. Zuschauers vom Jahre 1850 (wo eine historische Skizze der Freimaurerei in Oesterreich mitgetheilt wird), dass der Prozess, der über diese Verschwörung geführt wurde, nicht bei dem Wiener Stadtmagistrate, als dem ordentlichen Criminalgerichte, sondern bei einer besondern dazu eigens eingesetzten Commission verhandelt und so geheim gehalten wurde, dass nach Beendigung der Untersuchung die Commission und die geheime Polizei aus allen Kräften sich sogar dagegen stemmten, dass die Prozessacten, wie es der Geschäftsgang vorschrieb, der Einsicht des Staatsrathes unterworfen würden, und als sie sahen, dass dieses nicht ginge, bemühten sie sich, von der staatsräthlichen Commission wenigstens den Staatsrath E . . ., der seiner Gerechtigkeit und Biederkeit wegen bekannt war, auszuschliessen. Das Publikum erfuhr von der ganzen Verhandlung nichts als die gefällten Urtheile, und nach Beendigung des Prozesses mussten alle Acten ohne Ausnahme versiegelt bei der geheimen Polizei-Hofstelle hinterlegt werden.

Da die genannten zwei Personen unter mehreren hundert Angeklagten zufällig Freimaurer waren, so liess von nun an eine, jedem Fortschritte abholde mächtige Partei es sich eifrigst angelegen sein, die öffentliche Meinung in Betreff des Wesens der Maurerei systematisch irre zu führen und man ging darin so weit, dass diese edle Verbrüderung für einen Inbegriff von Irreligion, Unmoralität und staatsverderblicher Bestrebungen erklärt und mit den Rosenkreuzern und Illuminaten auf einen Haufen zusammengeworfen wurde.

Von diesem Zeitpunkte fängt nun die Periode der Verfolgungen an, welche die Freimaurerei in Oesterreich zu erdulden hatte und welchen erst die unter Kaiser Ferdinand I. eingetretenen Märztage des Jahres 1848 ein Ziel gesetzt haben. Zunächst setzten die Gegner des Maurer-Ordens es bei Franz II. durch, dass er die Verordnung vom 23. April 1801 erliess, womit er befahl, von allen seinen Staatsdienern ohne Ausnahme einen eidlichen Revers abzuverlangen, worin sie bekennen mussten, in keiner geheimen Verbindung zu stehen und das Versprechen leisteten, unter keinem wie immer gearteten Vorwande sich in eine solche einzulassen.

Diese Verpflichtung wurde dann auch in die Eidesformel aller österreichischer Staatsdiener mit dem weiteren Beisatze aufgenommen, sich allsogleich von jeder geheimen Verbindung loszusagen, wenn man zu einer solchen gehören sollte. Dieses Versprechen musste seitdem sogar von jedem Staatsdiener bei jeder Veränderung der Dienstkategorien in dem dabei abzulegenden neuen Eide erneuert werden. Erst im Monate April 1848 nach Erscheinung des ersten österreichischen Constitutions-Entwurfes unter dem Ministerium Pillersdorf, erschien eine seither wieder zurückgenommene Verordnung des Ministeriums des Innern, nach welcher in dem neuen, für Staatsbeamten vorgeschriebenen Diensteid diese, die geheimen Gesellschaften betreffende Klausel weggelassen wurde.

Aus dem Gesagten lässt sich nun der Schluss ziehen, dass, obgleich in Wien und ganz Oesterreich seit dem Jahre 1794 keine Freimaurer-Logen mehr bestanden, es doch daselbst nicht an Brüdern gebrach, die wenigstens im Geiste das Leben des Ordens aufrecht hielten, und so ist es auch erklärlich, dass bei Gelegenheit der zwei Invasionen Wien's durch die Franzosen in den Jahren 1805 und 1809 die noch lebenden Wiener Brüder neue Vereinigungspunkte gründeten, von welchen insbesondere die im letztgenannten Jahre 1809, in welchem die Anwesenheit der Franzosen gegen 7 Monate währte, in Wien entstandene neue grosse National-Loge von Oesterreich vorzüglich genannt zu werden verdient, die mit dem grossen Orient in Paris eine Verbindung unterhielt.

Da im Jahre 1810 durch die Vermälung der Erzherzogin Maria Louise, ältesten Tochter Kaiser Franz II. (oder I. von Oesterreich) mit dem Kaiser Napoleon von Frankreich zwischen beiden Kaiserhöfen ein freundschaftlicher Verkehr eintrat, unterlag die Postverbindung mit Frankreich einer minder strengen Aufsicht und es blieb die maurerische Correspondenz der Wiener Loge mit dem Oriente in Paris der österreichischen Polizei verborgen, und die erste arbeitete im Stillen fort, bis die Ereignisse des Jahres 1813 und Napoleon's Entthronung die Nothwendigkeit herbeiführte, diesem Wirken um so mehr Einhalt zu thun, als der römische Stuhl schon unterm 13. Aug. 1814 ein vom Staatssecretär Cardinal Consalvi unterzeichnetes Edict erliess, womit Papst Pius VII. ein neues Anathema gegen die Freimaurer aussprach.

So stand die Maurersache als im Jahre 1848 unter Kaiser Ferdinand I. die Wiener Unruhen, von dem intelligenten

Theile der Bevölkerung der Hauptstadt angeregt, ausbrachen. Als die Verleihung einer freien Staatsverfassung zugesagt worden war, hielt es der in Wien anwesende Bruder, Doctor Ludwig Lewis, für angemessen, die ersten nothwendigen Einleitungen zur Wieder - Einführung der edlen Maurerei und zwar dadurch zu treffen, dass die im Jahre 1794 geschlossene Loge zum heiligen Joseph wieder eröffnet werde. Da sich von diesem Zeitpunkte an die Geschichte der Freimaurerei in Wien auf jene der besagten Loge beschränkt, so verweisen wir auf den folgenden IV. Abschnitt, der ausschliesslich der Loge zum heiligen Joseph gewidmet ist, und worin deren Geschicke ausführlich beschrieben sind.

So wie in Wien, der Hauptstadt des österreichischen Kaiserstaates, ist man auch in Pest, der Hauptstadt des Königreichs Ungarn gleich nach Ausbruch der März-Ereignisse 1848 damit umgegangen, eine Freimaurer-Loge in's Leben treten zu lassen und ihre Gründung hätte schon im Monate August 1848 stattfinden sollen. Wie die freimaurerische Vierteljahrs-Schrift „Latomia" berichtet (Leipzig 1848. Verlagshandlung von J. Z. Weber. XII. B. Nr. 23, I. Heft, Seite 114), soll die Grossloge des eclectischen Bundes zu Frankfurt durch einen ihrer Beamten damals die Rituale ihres Systems nach Pest befördert haben und der projektirte Name der neuen Loge: Kossuth, zur Morgenröthe des höheren Lichts, gewesen sein.

Die Loge scheint sich im Jahre 1849 gebildet zu haben, denn man ersieht aus dem genannten Central - Organe der Maurerei (Nr. 24, S. 196), dass in diesem Jahre durch die eclectischen Brüder in Pest sogar mit den Brüdern des türkischen Reiches Verbindungen angeknüpft worden sind."

Auch in öffentlichen Prager Blättern zu Anfange des Monats Februar 1849 las man einen aus der Hauptstadt des

Königreichs Böhmen datirten Aufruf an die im genannten österreichischen Kronlande zerstreut lebenden Freimaurer, sich an einem festgesetzten Tage und Orte einzufinden, um sich wegen Gründung einer Loge zu berathen. Aber die eingetretenen politischen Ereignisse und der in Folge derselben über Wien, Pest und Prag verhängte Belagerungszustand hat seitdem, wie wir im folgenden Abschnitte zeigen werden, der Entwicklung des Bundes Schranken gesetzt, die hoffentlich unter günstigeren Umständen beseitigt werden dürften und dem edlen Neubaue der österreichischen Maurerei freien Raum geben werden.

Die Loge zum heiligen Joseph in Wien von ihrer Gründung (1771) bis zum heutigen Tage.

Diese Loge war eine der vorzüglichsten und geachtetsten aller österreichischen Freimaurer - Logen, und sie kann als die Pflanzschule und treue Bewahrerin der Satzungen der wahren Maurerei in der Hauptstadt des Kaiserstaates betrachtet werden. Sie verdient daher sowohl in dieser Beziehung als auch des weiteren Umstandes wegen, dass sie im Jahre 1794 nicht eigentlich geschlossen wurde, sondern dass sie damals nur ihre Arbeiten mit dem Vorbehalte einstellte, zu einer günstigeren Zeit ihre Wirksamkeit wieder zu beginnen, eine besondere Besprechung.

Uebrigens ist die Loge zum heiligen Joseph eine der ältesten Logen Wien's und sie hat auch die Vorsehung ausersehen, den Bruderbund in dieser grossen Stadt wieder in das Leben zu rufen.

Die Loge zum heiligen Joseph entstand unter Maria Theresia im Jahre 1771, in welchem am 15. des Monats November sich viele zerstreute Brüder zusammenfanden, um eine Loge zu stiften. Diese Loge war auch die erste, welche am 21. Juli 1775, ungeachtet des von der Kaiserin im Jahre 1764 erlassenen Gesetzes, welches jede maurerische Verbindung in ihren gesammten Erbstaaten untersagte, die Constitution der grossen Landesloge von Deutschland in Berlin nachsuchte und auch erhielt.

Die Josephs-Loge feierte im Juni 1782 ein Trauerfest für Zinnendorf, wobei Bruder Alxinger ein Gedicht „Auf Zinnendorf's Tod" verfasste, welches in Druck erschien. Dieselbe Loge zum heiligen Joseph gab im Jahre 1784 ein

„Taschenbuch für Brüder Freimaurer" heraus, dessen Ertrag wohlthätigen Zwecken gewidmet war. Die bekanntesten damaligen Mitglieder dieser Loge waren:

Alxinger, Joh. Bapt. v., Hofagent bei der Hofkanzlei und bei der obersten Justizstelle, ein geschätzter Dichter jener Zeit, der im Jahre 1782 zum ersten Aufseher ernannt wurde und 1785 zur Loge zur wahren Eintracht übertrat.

Bacchiochi, Thomas, Bankal-Beamter.

Braun, Peter, wurde in späterer Zeit in Wien ein sehr bekannter Mann, in den Freiherrnstand erhoben, und Hofbankier.

Calvi, Karl Fortunat, Beamter der Hofkriegsbuchhaltung.

Doppler, Joseph, bekannt als Schriftsteller.

Ehrenberg, Johann von.

Fries, Moriz Graf von, der Erbauer des schönen Palais am Josephsplatz.

Gräffer, Rudolph, Buchhändler.

Kratter, Franz, Doctor der Philosophie und Staatsraths-Beamter, bekannt durch seinen Streit mit Born. Er ist der Verfasser der Schrift „Briefe über die neueste Maurer-Revolution in Wien" und erhielt in seiner Loge den ersten Grad.

Linden, Freiherr von.

Le Noble von Edlersberg.

Prandstetter, Martin Joseph, Magistratsrath; er trat 1785 zur Loge zur wahren Eintracht über.

Stubitza, Freiherr von.

Als Kaiser Joseph im December 1784 das Logen-Wesen in Oesterreich reformirte und in Folge dessen die damals in Wien bestehenden acht Johannes-Logen sich in zwei neue Logen vereinigten, widersetzten sich zwei Logen, nämlich die Loge zum heiligen Joseph und jene zur Beständigkeit dieser Verschmelzung. Die Brüder derselben hoben im Jänner des Jahres 1785 ihre Bauhütten ganz auf und nur wenige von ihnen traten in die zwei neu errichteten Logen zur Wahrheit und zur neu gekrönten Hoffnung.

Schon bei dieser Auflösung erliess die Loge zum heiligen Joseph an ihre Schwester-Logen ein Schreiben, worin gesagt wurde, sie habe beschlossen, ihre ferneren Arbeiten einzustellen. Die übrigen Brüder dieser Loge schlossen sich dann die Provinzial-Loge von Oesterreich an.

Gleichwohl trat die Loge nach kurzer Unterbrechung wieder in Thätigkeit und sie wirkte bis zum Jahre 1794 fort, wo sie unter Kaiser Franz II. am 15. Jänner ihre Arbeiten abermals einstellte. Wie aber im Oesterr. Courier (1848, Nr. 243) richtig bemerkt wird, lag in der Art, wie dieses geschah, nichts Gewaltsames; es war kein Gebot der Noth, das dabei vorwaltete, vielmehr eine Handlung der Resignation, die den Kaiser, der sich nur einmal von Antipathien gegen den Orden umgeben sah, überzeugen konnte, dass er es mit einer Gesellschaft zu thun hatte, die selbst die Ungeneigtheit des Fürsten, unter dessen Scepter sie bisher thätig gewesen war, zu ehren wusste. Jene Resignation stellt sich um so grossherziger heraus, als sich die Loge zum heiligen Joseph sagen konnte, dass ihr Wirken immer rein gewesen, dass keine Verdächtigung auf ihr lastete, die jene in den Bewegungen jener Zeit wurzelnde Ungeneigtheit des Kaisers gerechtfertigt hätte. Wir legen in das, was wir von Antipathien, die Franz I. gegen die Freimaurer hegte, sagten nichts verletzendes, denn wir wissen nur zu gut, dass Antipathien den privilegirten Naturen geläufig sind, die sich der Angabe von Gründen überheben dürfen. Dass die römisch-katholische Geistlichkeit, die dem Vorurtheile anhing, dass die Freimaurerei den Boden der alten Kirche unterminire, dabei die Hände im Spiele hatte, ist ausser Zweifel. Dieses Vorurtheil dürfte jetzt verschwunden und der katholische Clerus Oesterreichs der Meinung sein, dass er von der Freimaurerei, die sich von allem Confessionellen fern hält und darum das römisch-katholische Dogma nicht befehdet, für die Interessen seiner Kirche nichts zu fürchten habe. Durch das Festhalten des christlichen Principes, das hier freilich keine Livrée trägt, sondern in dem einfachen bürgerlichen Rocke erscheint, und so jede dogmatische Parteifarbe ausschliesst, kann die römisch-katholische Kirche nur gewinnen. Der leere Indifferentismus, welcher die Bande des Staates nur allzusehr lockert, findet in den Maurerlogen kein Asyl.

Wenn es in der, an den Kaiser Franz gerichteten Erklärung vom 15. Jänner 1794, welcher neben der Loge zum heiligen Joseph auch die Bauhütte zur neu gekrönten Hoffnung beigetreten war, am Schlusse heisst: „dass, da es unter den angeführten Umständen immer unmöglicher wird, den schönen Zweck der Freimaurerei mit jener unumwölkten Heiterkeit des Geistes, die zum segenvollen moralischen Anbau so nothwendig ist und in dem Umfange zu erreichen, als es die Regel des Institutes, das Beste des Staates und der Menschheit und die eigene Zufriedenheit der Arbeiter erfordert, die Logen beschlossen haben, ihre Versammlung und Arbeiten so lange einzustellen, bis günstigere Zeitumstände ihren gegenwärtigen Betrachtungen weniger Gewicht, ihrer sodann erneuerten Wirksamkeit einen gedeihlicheren Erfolg, und ihren Wünschen die lebendige Zuversicht geben," — so glaubte der Orden nach den Tagen des Märzes 1848 unter Ferdinand I., dem Gütigen, diese günstigeren Zeitumstände begrüssen zu dürfen.

Der in Wien seit mehreren Jahren ansässige Doctor Ludwig Lewis fand es daher für zeitgemäss, die ersten Einleitungen zur Wieder-Eröffnung der, wie gesagt, im Jahre 1794 geschlossenen Loge zum heiligen Joseph dadurch zu treffen, dass er sich an die Provinzial-Loge von Schlesien zu

Breslau und an die grosse Landesloge von Deutschland zu Berlin wendete, worauf ihm die Bewilligung ertheilt wurde, die besagte Wiener Loge zum heiligen Joseph reactiviren zu dürfen, doch nur unter der Bedingung, wenn die Staatsbehörde dazu ihre Bewilligung gebe.

In Folge dessen wandte sich Doctor Lewis mittelst Einschreiten an den Minister des Innern, den Freiherrn von Doblhoff, von welchem er unterm 2. September 1848, Nr. 2436/M. J., ein bewilligendes Antwort-Schreiben erhielt. (Siehe Beilage Nr. I.)

Da hierdurch der Eröffnung der Loge von Seite der österreichischen Regierung kein Hinderniss in den Weg trat, und dadurch zugleich die Bedingung erfüllt war, welche die grosse Landesloge zur Wieder-Eröffnung der hiesigen St. Josephs-Loge gemacht hatte, so wurde der Provinzial-Grossmeister von Schlesien mit der Wieder-Eröffnung dieser Tochter-Loge beauftragt (Beilage Nr. II.), und in Folge dessen setzte der Provinzial-Grossmeister Professor Dr. J. K. (siehe Anhang), ein in der gelehrten Welt verehrter Mann, ein Mann, dessen erklärte Humanität eine eigenthümliche Anziehungskraft hat, in Gegenwart mehrerer schlesischer Maurer und königlicher Officiere, nämlich der Brüder N. N., nach dem vorgeschriebenen Ritus die Reactivirung der Loge zum heiligen Joseph in Wien in's Werk.

Die Feierlichkeit fand am 5. October 1848 im Graf d'Harnancourt'schen Hause (Nr. 76) in der Teinfaltstrasse um 7 Uhr Abends Statt.

Nach Beendigung der Ceremonie wurde im Gasthause „zum Fischhof" nächst dem hohen Markte in einem eigens dazu gemietheten Zimmer des ersten Stockwerkes ein festliches Brudermahl gehalten.

Von mehreren deutschen Logen waren bei dieser Feier Beglückwünschungsschreiben eingelangt.

Aber leider verstummten die ersten Hammerschläge der freien Maurer in Wien, welche die ganze deutsche Bruderschaft mit Jubel vernommen hatte, nur zu bald. Die nach dem 6. October 1848 eingetretenen stürmischen Zeit - Ereignisse hatten diese beklagenswerthen Folgen nach sich gezogen.

Nach der Einnahme Wiens durch die kaiserliche Armee in den letzten Octobertagen des besagten Jahres schien wieder ein Zeitpunkt eingetreten zu sein, die Arbeiten der Loge fortsetzen zu können. Da jedoch die Hauptstadt in Belagerungsstand erklärt war, so hielt Bruder Lewis für angemessen, sich nebst dem Bruder A., als die Ruhe hergestellt war, in Begleitung mehrerer anderer Brüder zu dem Gouverneur von Wien, dem Herrn Feldmarschall-Lieutenant Freiherrn von Welden zu verfügen, um die Erlaubniss zu erhalten, sich wieder versammeln zu dürfen. (Beilage Nr. III.) Freiherr von Welden nahm jedoch die Deputation höchst ungnädig auf und wendete derselben, ohne Ertheilung einer bestimmten Antwort, den Rücken, nachdem er die Abhaltung der Loge von dem Erscheinen eines militärischen Aufsehers hatte abhängig machen wollen und Dr. Lewis dem Feldmarschall-Lieutenant den persönlichen Eintritt in die Bruderschaft vorgeschlagen hatte, um sich so von dem Geiste ihres Wirkens zu überzeugen. Nach diesem Vorfalle begab sich Dr. Lewis zum Stadthauptmann Noë von Nordberg, und erhielt von diesem den Rath, sich an den Minister des Innern, Doctor Bach, zu wenden. Dieser wollte ihn nur als Privatmann, nicht als Minister, sprechen, erklärte ihm, nicht an eine heilige Vehme zu glauben u. a. m., worauf Dr. Lewis, welcher bemerkte, nicht den Privatmann, sondern den Minister aufgesucht zu haben, den Audienzsaal verliess.

So von allen Militär- und Civil - Autoritäten zurückgewiesen, bliebe der Loge nichts übrig, als die Zeit abzuwarten, wo günstige Verhältnisse für die Maurerei eintreten.

Um aber doch ein Lebenszeichen während dieser bedauernswerthen Periode von sich zu geben, begab sich eine Auswahl hiesiger Brüder den 24. Juni 1849 nach der Curstadt Baden, um dort das Johannesfest zu begehen, was sie in Wien des Ausnahmszustandes wegen nicht thun durften. Bei dieser Gelegenheit legten die Brüder auf dem Altar der Mildthätigkeit einen Betrag von achtzig Gulden Conv. Mze. nieder, welcher dem Kriegsministerium zum Besten der k. k. Armeen in Ungarn und in Italien übergeben wurde. (Beilage V. und VI.)

Beilagen.

Beilage I.

Bescheid des Ministers Doblhof.

Ueber Ihr Ansuchen vom 30. v. M. um Bewilligung, dass die bereits früher in Wien bestandene und nun wieder in das Leben gerufene Freimaurer-Loge zum heiligen Joseph fortbestehen dürfe, habe ich die Ehre Ihnen zu bemerken, dass ich mich bei dem Umfange, in welchem das freie Vereins- und Associations-Recht allgemein anerkannt wurde, nicht berufen fühle, eine besondere Genehmigung hiezu zu ertheilen, zumal ich von der Voraussetzung ausgehe, dass diese Verbrüderung staatsgefährlichen Zwecken wohl eher entgegenwirken, als dieselben begünstigen werde. Das Attest der grossen Landesloge der Freimaurer-Loge in Deutschland schliesse ich zurück.

Wien, am 2. September 1848.

Doblhoff m. p.

Beilage II.

Attest.

Die unterzeichneten Vorsteher der grossen Landesloge der Freimaurer in Deutschland bescheinigen hierdurch, dass dem Professor an der k. k. Ingenieur-Akademie zu Wien, Herrn Doctor L. Lewis, ordensgesetzlich gestattet worden ist, im Vereine mit gleichgesinnten edlen Männern, die Reactivirung der in den Jahren 1771 bis 1794 unter Constitution der hiesigen grossen Landesloge der Freimaurer von Deutschland zu Wien bestandenen, seitdem aber, in schuldiger Beachtung

der deßfallsigen landesherrlichen Verordnung, quiescirenden
St. Johannes Freimaurer-Loge, genannt „zum heiligen Joseph,"
in's Werk zu setzen, oder auch den Umständen nach die Stiftung einer neuen St. Johannes Freimaurer-Loge in Wien, der-
gestalt vorzubereiten, dass wir dazu die nach den Vorschriften
unseres alten, die Ehre Gottes und das Wohl der Menschheit
bezweckenden Ordens, Genehmigung ertheilen und die Con-
stitutions-Urkunde ausfertigen können.

Vor allen Dingen ist zu dem beregten Vorhaben die Genehmigung der betreffenden hohen Staatsbehörde in Wien ein-
zuholen und uns in Urschrift vorzulegen.

Urkundlich unter der grossen Landesloge der Freimaurer
von Deutschland Insiegel und unserer eigenhändigen Unter-
schrift ausgefertigt.

So geschehen Berlin, am 22sten Juli 1848.

(L. S.)

Die Vorsteher der grossen Landesloge der Freimaurer
von Deutschland:

Folgen die Unterschriften.

Beilage III.

Se. Excellenz des Freiherrn von Welden, k. k. F.-Z.-M., Militär-
und Civil-Gouverneur von Nieder-Oesterreich etc. etc.

Die Wiener Loge zum heiligen Joseph bittet unter-
thänigst, das allerhöchste Geburtsfest Sr. Majestät des
Kaisers festlich begehen zu dürfen, um einen wohlthätigen
Zweck damit verbinden zu können.

Euer Excellenz!

Von jeher ist das allerhöchste Geburtsfest des Landes-
herrn in allen Maurertempeln gefeiert worden, denn es ist das

grösste Fest, welches der Maurer feiern soll; nicht aus Dankbarkeit, Liebe und Ehrfurcht allein soll er dieses Fest feiern, sondern aus Pflicht — eingedenk der Worte der heiligen Schrift: „Gib dem Kaiser, was des Kaisers ist, thut Gutes, fürchtet Gott, ehret den Kaiser."

Dieses Gebot kann nicht anders als dem Maurer heilig sein und bleiben, und die Maurer müssen in der Erfüllung dessen allen ihren Mitbürgern mit gutem Beispiele vorangehen, und die zum rechten Wege zurückführen, welche auf Abwegen sich befinden.

Die hiesige Loge zum heiligen Joseph, von diesen Grundsätzen beseelt, wagt es daher Ew. Excellenz unterthänigst zu bitten, obgleich es ihr während des Ausnahmszustandes nicht gestattet worden ist, ihre Versammlungen zu halten, doch ausnahmsweise gestatten zu wollen, das Geburtsfest Sr. Majestät des Kaisers in der hiesigen Loge festlich begehen zu dürfen, um so mehr bittet sie ganz ergebenst darum, weil sie zugleich damit einen wohlthätigen Zweck zu verbinden gedenkt, ähnlich dem, den sie bei einer andern Gelegenheit laut Wiener Zeitung Nr. 177 vom 27. Juli d. J. bethätigt hat.

Einem geneigten Bescheide gehorsamst entgegensehend, zeichnet mit der grössten Hochachtung

     Euer Excellenz

                  unterthänigster Diener
                  Dr. L. Lewis,
            Professor an der k. k. Ingenieur-
            Akademie und Vorsteher der hiesigen Loge zum heiligen Joseph.
            (Stadt Nr. 70—71 wohnhaft.)

Wird dem Herrn Dr. Lewis im Auftrage Sr. Excellenz des Herrn Gouverneurs mit dem Bemerken zurückgestellt, dass dem Gesuche mit Rücksicht auf den Belagerungszustand keine willfahrende Folge gegeben werden kann.

Von der Central-Commission der k. k. Militär-
Stadt-Commandatur.

Wien, am 16. August 1849.

Beilage IV.

**Gesuch um Bewilligung zur Wiedereröffnung der Freimaurer-Loge
in Wien.**

Hohes Ministerium des Innern!

Den ergebenst Unterzeichneten wurde über Einschreiten beim frühern Ministerium unterm 2. Sept. 1848 die Bewilligung ertheilt, die seit dem Jahre 1794 in Wien aufgehobene Freimaurer-Loge zum heiligen Joseph zu reactiviren und wurde diese Loge auch nach erhaltener hoher Bewilligung am 5. October v. J. constituirt; durch die beklagenswerthen October-Ereignisse aber und den darauf folgenden Belagerungszustand ist das fernere wohlthätige Wirken des Bundes aufgehoben worden.

Der Unterzeichnete erlaubt sich nun ein hohes Ministerium gehorsamst zu bitten: „ihm die Concession zu ertheilen, die „Loge wieder eröffnen zu dürfen und die Fortsetzung der „humanistischen Arbeiten der Gesellschaft durch keinen Aus„nahmszustand influenciren lassen zu wollen."

Der gehorsamst Unterzeichnete erlaubt sich zur Begründung seiner Bitte nachfolgende Grundsätze des Freimaurerbundes einer weisen Erwägung zu unterbreiten:

Der Bund ist in seinem innersten Principe auf das Christenthum gegründet; er strebt in einer eigenthümlichen Weise dahin, wahrhaft christliche Bruder- und Nächstenliebe unter seinen Anhängern zu verbreiten, der reinen Erkenntniss Gottes und unseres kindlichen Verhältnisses zu Ihm überall Eingung zu verschaffen, menschliches Elend nach bestem Vermögen zu mildern und in allen Lebensverhältnissen diejenige Mässigung und Selbstbeherrschung sich anzueignen, durch welche die Wohlfahrt und das Glück der Menschheit befördert werden kann. Der wahre Maurer ist stets gehorsam dem Gesetze und bewahrt in seinem Herzen eine Pietät gegen alles Verehrungswürdige, wie sie von wahrer christlicher Demuth und Bescheidenheit zu erwarten ist. Sein innerstes Wesen beruht auf kindlichem Glauben an Gott und Unsterblichkeit, auf wahre Nächstenliebe, der wahre Freimaurer ist der beste Geist, der beste Mensch, der beste Staatsbürger.

Der Freimaurerorden schliesst nicht nur strenge jede politische oder religiöse Tendenz aus seinem Wirken aus, und bietet schon hierdurch dem Staate die sicherste Garantie, sondern er hält es vielmehr auch für seine heiligste Pflicht zur Aufrechthaltung der bestehenden Staatsformen nach Kräften mitzuwirken und verpflichtet seine Mitglieder sich von jeder politischen Bewegung fern zu halten.

Nicht weniger Garantie mag der Umstand bieten, dass der Orden nur solche Männer aufnimmt, die eine selbstständige Stellung im Leben einnehmen und sittlich guten Ruf haben, — so wie wohl auch hier nicht unerwähnt bleiben darf, dass Seine Königliche Hoheit der Prinz von Preussen nicht bloss Protector sämmtlicher Freimaurer in Preussen ist, sondern namentlich im Systeme der grossen Landesloge von Deutschland eine Zeit lang in einer der höchsten Stellen des Ordens als Beamter fungirt hat und nicht anzunehmen ist, dass ein Mann seines Charakters und seiner Stellung Mitglied einer Gesellschaft sein könnte, die irgend welche unsittliche oder staatsgefährliche Grundsätze hat: und dass endlich Seine Majestät Friedrich Wilhelm III., selbst dem Orden angehörend, die Freimaurer als seine treuesten Unterthanen gegen Verdächtigungen in Schutz genommen hat.

Indem der gehorsamst Unterzeichnete die Grundzüge der
Statuten des Ordens beizulegen die Ehre hat, schmeichelt sich
einer hochgeneigten Berücksichtigung seiner ergebensten Bitte
Wien, am 20. Mai 1849.

Dr. L. Lewis,

Professor an der k. k. Ingenieur-Akademie etc. etc.

(Stadt, Teinfaltstrasse Nr. 70—71, I. Stock.)

Diesem Einschreiten wird über ausdrückliche Weisung
des k. k. Militär- und Civil-Gouvernements während des Ausnahmszustandes keine gewährende Folge gegeben.

Wien, am 1. Juni 1849.

Von der Central Commission der k. k. Stadt-
Commandatur.

Ganz.

Beilage V.

Auszug aus der „Wiener Volkszeitung" Nr. 22. 1849.

Unter den patriotischen Gaben, welche jüngst in der
Wiener Zeitung veröffentlicht wurden, fiel ein von der Freimaurer-Loge St. Joseph in Wien durch einige Mitglieder bei
einem Festmahle gesammelter und gespendeter Betrag auf.
Man frug sich, wie es möglich sei, dass während des Be-
lagerungszustandes Freimaurer, die doch einen Verein bilden
und Versammlungen halten, hier existiren und sogar als solche
mittelbar anerkannt werden. Dies dürfte dadurch erklärt werden, dass die Freimaurer, welche nach ihren Statuten keines-
wegs politische, sondern rein humanistische Zwecke verfolgen,
in diesem Falle als eine Privat-Wohlthätigkeitsanstalt, welcher
jede staatsgefährliche Tendenz fremd ist, erscheinen und sich
insoferne der behördlichen Anerkennung erfreuen, die ihnen
bereits im verflossenen Jahre zu Theil wurde. Uebrigens fand

das Festmahl derselben nicht in Wien, sondern ausserhalb des Belagerungsrayons in Baden am 24. Juni, d. i. am Tage Johannis des Täufers, an dem jährlich das bedeutungsvollste Ordensfest der Freimaurer gefeiert wird, statt.

Beilage VI.

Empfangs - Bestätigung

über achtzig Gulden Conv. - Münze,

welche dem k. k. Kriegs - Ministerium für die k. k. Armeen zum Besten verwundeter k. k. Krieger von fünf Herren Mitgliedern der Freimaurer-Loge zum heiligen Joseph in Wien übergeben worden.

Wien, am 5. Juli 1849.

Konicek m/p.,
Ministerial - Concipist.

ANHANG.

Reden und Documente.

REDEN.

___

I.

Rede, gehalten bei der Einweihung der Loge zum heiligen Joseph. 1771.

Preiset mit mir den Ewigen, ihr Brüder von allerlei Ständen und Zungen, dass er unsern Tempelbau begünstigte, und wir anheute durch seine Güte das Fest der Einweihung dieses der ernsten Tugend und wahren Freundschaft gewidmeten Orts begehen können.

Opfert ihm warmen, herzerhebenden Dank, und jeder bezahle ihm seine Gelübde durch einen richtigen, schnurgeraden Lebenswandel, und durch die genaueste Beobachtung aller maurerischen Pflichten.

Brüder, es kömmt eine Zeit, wo man uns besonders bemerken, wo man unsere Schritte und Tritte abzirkeln, alle unsere Schwachheiten und Lieblingsneigungen abwiegen, und uns strenger als andere Adamskinder beurtheilen wird. O! dass wir doch alle vor diesem, zwar incompetenten Richterstuhl, dem profanen Publico, bestünden, keiner auf der Wagschale zu leicht befunden würde, dass sie uns insgesammt für bessere, ausgebildetere Menschen hielten, für nützliche Bürger des Staats, und was das Beste wäre, für wahre Verehrer der ungetheilten Gottheit halten und erkennen müssten, und dass wir es nicht nur zu sein schienen, sondern auch in der That und der Wahrheit wären, und diese herrlichen Eigenschaften die Grundpfeiler des Staats und des Menschenglücks von uns auf alle unsere nachfolgenden Brüder gepflanzt werden könnten.

Dann würde der Name Maurer ein Ehrenname sein, und man würde unseren Orden nennen, wenn man die Tugend, die Religion, die Friedfertigkeit, die Wohlthätigkeit und die reine Menschenfreude schildern wollte! So aber -- es schmerzet mich, dass ich es sagen muss, hat man immer nur den noch für einen Maurer gehalten, der die Religion für nichts hielt, der den Lüsten gehorchte, der durch falsche Meinungen, durch schiefe Urtheile von Wissenschaften schwatzte, die Freundschaft im Munde führte, und alle Menschen tadelte, der sich geheimnissvoll brüstete, und das Band der heiligsten Freundschaft zu Nebenabsichten nützte.

Was konnte der Profane von uns denken, wenn er bisweilen auf einen solchen seinwollenden Bruder stiess? Musste er nicht vor unserer Verbindung erzittern, wenn er von einigen Mitgliedern auf die ganze Gesellschaft schloss? Und war es nicht schon ein höchst gelindes, höchst billiges Urtheil, wenn er den Orden für ein Hirngespinnst, für ein grosses Nichts, für einen unschuldigen Zeitvertreib hielt?

Liess er sich endlich dennoch zum Eintritt vermögen, so vernahm er zwar vortreffliche Tugendregeln, goldene Weisheitslehren; allein wer befolgte sie? wer brachte sie in thätige Ausübung? Der Meister vom Stuhl und der Redner, diese zwei Herolde der Tugend predigten von der Reinigkeit des Herzens, von der Lauterkeit der Sitten, und schlichen heimlich auf den Wegen, für welche sie den Lehrling, den Gesellen warnten. Dies war das Bild der Freimaurerei vor zehn Jahren in hiesigen Staaten, wofür manchen Profanen ekelte und wo an keine regelmässigen Logen-Arbeiten gedacht werden konnte, weil Dunkelheit und Unwissenheit das Erdreich bedeckte, und Gleissnerei und Priestergewalt des wahren Maurers Emporstreben hinderte.

Endlich brach die holde Morgenröthe an; der weisen Mitregierung unsers Landesvaters Josephs war es aufbehalten, die wahre Freimaurerei in seinen Staaten zu gründen, und Er will, und wird sie unter seiner Selbstherrschung zum Glück der Menschen aufblühen, und gleich den egyptischen Pyramiden fest gegründet sehen.

Dank, brüderlicher Dank sei Dir, als dem zweiten Cyrus, von uns gebracht! Du wirst uns erlauben, den zerstörten Tempel wieder aufzubauen, und uns verstatten, so viel Gutes zu wirken, als es uns möglich ist. Von Deinem Willen wird es lediglich abhängen, was wir werden sollen, und wenn Du das schöpferische Machtwort: Es werde Licht, aussprechen wirst, so wird es mit Kraft hervorbrechen, und seine wohlthätigen Strahlen werden Millionen Deiner Unterthanen erwärmen. Der wahre vollkommene Maurer sehnt sich nach diesem Zeitpunkt, der junge Mitbruder wünscht ihn, und der arme hilfsbedürdige Profane wird die Früchte dafür einernten, und Dich in Jahrhunderten segnen! Aber Freiheit ist uns nöthig. Und Fluch treffe den unter uns, der diese Freiheit missbrauchen sollte! Der unterrichtete Maurer verdient zweifache Strafe. Denn ihm sollen die Pfade der Tugend bekannt sein. Man hat ihn vor den Abwegen gewarnt. Er weiss den Willen des Ordens, er hat die Gesetze gehört, er hat sie beschworen; er erneuert dieses unveränderliche Gelübde bei eines jeden Lehrlings Eid.

Bricht er ihn vorsetzlich, dann muss er doppelte Streiche leiden. Man entziehe ihm den zärtlichen Brudernamen, bessere ihn als unsern Nebenmenschen, und lasse ihm nicht eher die Rechte der Loge angedeihen, bis er mit beschämter Reue zurückkehrt, und sich selbsten gebessert zu sein fühlet. Dann werden die Logen Schulen der Tugend, Tempel der Weisheit und Hörsäle der nützlichen Wissenschaften sein. Dann mag sich der Landesfürst aller der Edlen freuen, die mit ihm gleichen Endzweck haben, Künste auszubreiten, Wissenschaften nützlich anzuwenden und das Glück der Menschen schnell zu befördern.

Dann kehrt die goldene Zeit zurück. Das glückliche Welt-
alter, wenn Einförmigkeit im Denken, Gleichheit im Handeln,
und Einigkeit und Bruderliebe kein schönes Gedicht mehr
sein wird — — — —

Neuaufgenommener Bruder! nimmermehr werden Sie
mich als Sittenprediger vermuthet haben, da Sie mich nur von
der Seite eines fröhlichen Herzens kannten.

Munterkeit und ein froher Sinn ist fast ein besonderes
Merkzeichen eines guten Maurers. Er lebt schuldlos, übt seine
Pflichten getreulich, nimmt die Welt so wie sie ist, und freuet
sich seines Daseins. Er stiftet öfters mehr Gutes durch lachen-
den Scherz, als durch gesetzte Ernsthaftigkeit.

Ich wünsche Ihnen viel Glück zu Ihrer Aufnahme. Halten Sie es für keine leere unbedeutende Ceremonie, welcher
sich jeder unterwerfen muss.

Bemühen Sie sich, den Sinn aller dieser Bilder zu ent-
räthseln, so werden Sie Wahrheiten in unseren Logen ent-
decken, die Leib und Seele betreffen, hier und dort zufrieden
machen.

Unsere grösste Wissenschaft ist die Erkenntniss unsers
Selbsts, und dieses Studium kann ich Ihnen nicht genug anempfehlen. Noch wenige haben in dieser Kunst grosse Schritte
gemacht, daher auch wenige an Kenntnissen zugenommen;
und viele werden auch noch lange von der Vollkommenheit
entfernt bleiben. —

M. Br.

> Die Tugend ist's, wodurch wir glücklich werden,
> Es ist ihr Trieb, der unser Thun beseelt;
> Die Tugend ist's, die sich ein Volk auf Erden
> In uns'rer Zunft, aus allen Völkern wählt.

Der Segen des Himmels komme über Sie, neuaufgenommener Bruder; mein ganzes Herz und aller Brüder Herzen
lodern für Sie. Denn Sie sind es werth, ein Maurer zu sein,

und verdienen von heute an unsere aufrichtige Bruderliebe
und wahrhafte Hochschätzung.

II.

Rede, gehalten in der grossen und vereinigten Loge zum heiligen Joseph am Namensfeste Kaiser Joseph's II. 1779.

Sie wissen alle, meine Brüder! die Absicht unserer zahl-
reichen Versammlung. Sie kennen die Feier des heutigen Tages.
Der Gegenstand, den wir gegenwärtig behandeln, ist gross,
erhaben, wichtig, und unsern Herzen theuer und werth.

Joseph der Zweite, der grosse Schätzer der Menschen,
unser Monarch, unser Vater begeht heute sein glorwürdigstes
Namensfest. Alles ist desshalb entzückt, und zur Freude ge-
stimmt. Die Edelsten seiner Länder nähern sich seinem Thron
und wünschen ihm Glück. Der Mindere huldigt ihm, und ge-
lobet Bürgertreue und Gehorsam. Der Geringste flehet um
seine Erhaltung, der Greis wie der Säugling rufet und stammelt
für Ihn gen Himmel, dankt für seine Sendung und erbittet
sich vom Herrscher der Welten Segen und Wohlergehen für
seinen Gesalbten, unsern Kaiser. Sollten wir schweigen?
Sollte die ehrwürdige Loge, die — Dank sei es unsern ältesten
Brüdern — nach dem herrlichen Namen unsers vortrefflichen
Joseph's getauft worden, die sich ihm in geheimer Vorbe-
deutung gänzlich geweiht und geheiligt hat, sollte dieselbe
ihre Empfindungen unterdrücken? Sollte sie nicht laut und
öffentlich ihre Freude äussern, da alles frohlockt, was dem
sanften kaiserlichen Scepter gehorcht, was sich glücklich preist
ein deutscher Bürger und Unterthan zu sein? Ja sie soll es
mit der Würde und dem Anstand und den nur Maurern eigenen

5 *

Feierlichkeiten wagen, und unsere Arbeit wird gewiss dem höchsten Baumeister wohlgefallen. Wartende Schutzgeister werden unsere reinen Seufzer zum Throne der Gottheit bringen, und sie werden gebilligt, und mit eben dem Siegel der Allmacht bezeichnet gleich dem erquickenden Morgenthau herabträufeln, und jeden Pfad benetzen, den Joseph zum Wohle der Menschheit betritt.

Drängt Euch herzu, ihr Brüder unserer Schwester-Logen, schliesst Euch fest an uns, ihr Brüder vom Morgen und Abend. Jeder, der ein wahres, aufrichtiges Herz mitbringt, ist uns dreifach willkommen, helft uns den Tag verherrlichen, den der Herr zu unserer Freude geschaffen hat. Helft uns arbeiten, denn wir fühlen uns zu schwach, zu unwürdig, zu ohnmächtig, den Dank so vieler Nationen auszudrücken, welchen sie ihm für so mannigfaltige Wohlthaten schuldig sind.

Lasst uns einander die grossen Thaten erzählen, die der weise gesetzgebende Joseph in der noch ganz kurzen Frist seiner alleinigen Regierung entworfen und ausgeführt hat.

Lasst uns sein Herz, die Grösse seiner Seele, seine Standhaftigkeit und den heroischen Muth bewundern, womit Er alles übersieht, ergreift, unterscheidet und mit göttergleicher Geschwindigkeit vollzieht, wenn Er dadurch das Glück seiner Völker befördern kann.

Gleich dem Gott der Herrschaaren sprach Er: Es werde Licht, und auf sein Gebot verschwanden die Nebel der Vorurtheile, die Schatten des Aberglaubens und die Finsternisse, welche die Religion und Künste und Wissenschaften umwölkten, und es ward Licht.

Er schwur sich selbst den heiligen Schwur: „alle meine Völker sollen frei denken, frei handeln, und jeder meiner Unterthanen soll in seinem Masse glücklich sein," und wir nehmen bereits die vollsten Blüthen von dem Baum wahr, den unser Vater eigenhändig gepflanzt hat, der gleich der unbeweglichen Eiche wurzelt, und nach Jahrhunderten Schutz und Schirm der kommenden Nachwelt darreichen wird.

Doch warum sollte ich Sie, meine theuersten Brüder, an alle die Thaten erinnern, die in unseren Tagen, unter Ihren Augen, vielleicht durch Ihre Mitwirkung geschehen sind.

Keiner von uns wird sie vergessen. Mit unauslöschlichen Zügen bleiben sie unsern Herzen tief eingeprägt, der gute Maurer wird sie alle mit theilnehmender Wärme dem horchenden Sohne wiederholen, und dieser dem künftigen Enkel mit dankbarem Munde verkündigen, welcher die gesegneten Folgen von Joseph's wohlthätiger Regierung geniesst und empfindet. — Und so werden die, leider noch von Manchen verkannten Entwürfe, Gesetze und Veränderungen von einem Menschengeschlecht zu dem andern übergehen, und von längerer Dauer sein, als wenn sie auf Marmor gegraben wären.

Gottes Werke lassen sich nur bewundern, mit staunendem Anschauen verehren, und mit demüthigem Stillschweigen preisen.

Regenten-Werke, die nach Gottes Ebenbilde handeln, fordern unsere ganze Verehrung auf, weil der Himmel nicht jedem Lande gleich gute Herrscher gibt, die das allgemeine Wohl ihrer eigenen Ruhe vorziehen, die ihren Willen dem Glück des Ganzen gerne aufopfern, die keine andere Neigung, keine weitere Leidenschaft kennen, als Gutes zu thun, gerecht zu sein, dem Menschen sein angebornes Recht, die natürliche Freiheit zu lassen und ihn gegen jeden strafbaren Verletzer darinnen zu schützen, und so viel Gutes zu wirken, als es die Umstände und der Geist des Jahrhunderts verstatten.

Und diess will Joseph; dahin zielen alle seine weisen Verfügungen, darauf zwecken alle seine weisen Verordnungen, und dies ist die Quelle aller seiner Handlungen, die gleich dem Ursprung rein sind, und von Gott bekronet werden sollten.

Hier, meine Brüder, hier könnte ich Anlass nehmen, das Gemälde ganz auszumalen, wovon ich erst den Umriss gezeichnet habe.

Aber ich unterlasse es, um nicht die biedere Sprache der Maurer durch Lobsprüche zu entweihen, um nicht zu viel oder zu wenig zu sagen, und, um aufrichtig zu reden, keine Geschäfte zu unternehmen, die meine Kräfte übersteigen. Ich kann auch nichts mehr vorbringen, als was ein jeder selbst im Innersten fühlet, und wofür er schon so oft dem höchsten Baumeister gedankt hat.

Doch einen Theil aus der glorreichen Lebensgeschichte unsers Kaisers kann ich nicht unberührt lassen. Er liegt uns zu nahe am Herzen, und unser Wohlstand ist zu sehr damit verbunden, als dass ich ihn vor meinen Brüdern verschweigen sollte.

Joseph, der Erstgeborne unsers mit brüderlichen Banden verbundenen Kaisers Francisci des Ersten, ist der Sohn eines Maurers, und wenn Er gleich nicht selbst unser Bruder ist, so behandelt Er uns doch mit väterlicher Güte und Liebe, und hat uns mit dem ihm eigenen Geiste der Duldung angesehen. Er will unsere Arbeiten nicht hindern, und seine Neubegierde wird uns eben so wenig beunruhigen, als wir vor seiner Bangigkeit uns zu fürchten haben.

Er will, dass alle seine Unterthanen gut und rechtschaffen sein sollen, und Er erwartet diese Tugenden um so gewisser von uns, weil wir uns die strengste Ausübung der reinsten Sittenlehre, die eigentlich das Wohl der Staaten ausmacht, zur vornehmsten Pflicht gemacht haben.

Wohl uns, wenn wir diesen Regeln folgen, weil hiervon unser Schutz, unsere Erhaltung und unsere Freiheit lediglich abhängt! Wohl uns, wenn wir uns vor andern durch Gerechtigkeit, Wohlthätigkeit und Gottesfurcht auszeichnen, wenn wir in dem Lande, worin wir leben, wo wir Nachsicht geniessen, thätige Beweise von unserer angepriesenen Nächstenliebe liefern, wenn ein jeder nach seinen Kräften zu dem allgemeinen Besten beitragen wird, wenn wir, um es kurz zu sagen, wie Joseph der Zweite zu handeln uns angelegen sein lassen, der, ohne es zu wissen, und ohne es zu wollen, der erste, der würdigste Maurer Bruder ist.

Wie gerne wollten wir unsere Geheimnisse in seinen Schooss legen!

Denn so wie Ihm alle unsere Herzen angehören, so wollten wir ihm mit Seelenfreude alle unsere Acten öffnen und den Tag segnen, wo Joseph zum ersten Male in die Loge einging.

Kühner Gedanke, den meine Seele dachte, und woran sich mein Herz ergötzt, wenn er auch nie wirklich werden, nichts anderes als eine süsse Schwärmerei sein sollte.

Aber ich bitte Euch, meine Brüder! entreisst mir ihn nicht, diesen wonniglichen Traum. — Ich sehe Joseph in brüderlichem Schmuck auf Salomon's Stuhl, vor ihm alle Maurer Brüder, wie sie Ihm huldigen, wie sie Ihm ewige Treue angeloben. Wahrheit ist auf ihrem Munde, und aufrichtiges ungeheucheltes Betragen in ihren Herzen. Ich höre Plane zum Heil des Menschengeschlechts vortragen.

Joseph billigt sie, verbessert sie, und ich sehe sie entstehen, diese wohlthätigen Entwürfe, und von grösserer Festigkeit und Stärke, als die Pyramiden Egyptenlauds. Joseph beherrscht uns, und nie war das Gebäude der Maurerei solider, ehrwürdiger und thätiger, als unter seiner brüderlichen Regierung. Die Religion wurde allgemein, die Künste blühten, die Wissenschaften gingen in ihre natürliche, ungekünstelte Einfalt zurück, deren Zuverlässigkeit nicht erst vordemonstrirt werden durfte; Ruhm und Einigkeit erfüllte die ganze Welt; keine strebte nach Eroberungen, sondern bemühte sich gut zu bleiben, oder noch besser zu werden, und das glückliche Zeit- und Menschenalter näherte sich.

. Brüder! Es ist kein Traum, es ist eine hohe, heilige Wahrheit, Joseph ist unser Beschützer; Er ist unser Vater; Er muss auch unser Bruder sein. Er handelt nach unsern Grundsätzen, und die Vorsicht hat Ihn zum Thron bestimmt, weil sie durch Ihn grosse Thaten ausführen will. Werft Euch vor Ihm nieder, entdeckt ihm unsere Geheimnisse, und Er wird kein Bedenken finden, den heiligen Brudernamen anzunehmen. Lasst uns aber vorher wohl prüfen, ob wir dieses Glückes werth sind, ob unsere Arbeiten so beschaffen, dass sie Ihm gefallen können. Ob wir das nicht nur zu sein scheinen, was wir eigentlich sein sollten, ob wir getreue Unterthanen, fleissige Arbeiter in unsern Berufsgeschäften und sonst tugendhafte Menschen sind.

Und wenn wir dieses nicht wären; wie wollten wir uns dann heute erkühnen, an dem Namensfeste unsers Monarchen so zahlreich zu versammeln? Wie wollten wir es wagen, die feurigsten Wünsche zum Himmel zu schicken? Wie durften wir uns eine gewisse Erhörung versprechen, da er sein Ohr vor den Unheiligen und Strafbaren verschliesst, da ihm die Stimme des vorsetzlichen Verbrechers ein Greuel ist.

Brüder! ich kenne Eure Herzen. Ich habe sie aus vielen eurer Handlungen abgenommen.

Ihr seid willig zu allem Guten, bereit zur Ausübung einer jeden Maurerpflicht. Ihr fehlt nur aus Schwachheit, weil ihr Menschen seid; allein ihr verdoppelt sogleich euren Eifer, um die Fehler zu verbessern, und fasset alsdann den besten Entschluss, keine neue zu begehen.

Mit solchen Gesinnungen erfüllet, will ich alle eure Wünsche in einen vereinigen und so dem grossen allgemeinen Weltschöpfer in folgenden kurzen Worten vortragen, und eure Herzen werden insgeheim mir nachsprechen:

Wir danken dir, Vater der Güte! dass du uns in Joseph einen so vortrefflichen Regenten geschenkt, dass du Ihn mit so vortrefflichen Eigenschaften ausgerüstet, und Ihn zum Werkzeug deiner heiligsten Absichten ausgewählt hast. Für alle diese Wohlthaten danken wir dir von ganzem Herzen, und bitten dich in kindlichem Vertrauen, du wollest deinem Gesalbten, unserm Kaiser, das längste Leben und die unverwelklichste Gesundheit verleihen, du wollest Ihn vor allen seinen Feinden schützen, alle ihre Anschläge vernichten, und sie alle gedemüthiget zu seinen Füssen legen. Lass Ihn die Früchte seiner Bemühungen erleben. — Gib, dass er am Abend seiner Tage, wenn Er alle seine Werke noch einmal überschaut, gleich dem Gott der ersten Schöpfung zu sich selbst sprechen möge:

„Alles, was ich gethan, was ich unternommen, ist sehr gut gerathen. Ich arbeitete an dem Glücke der Menschheit und ich habe Millionen glücklich gemacht."

Gib Ihm ein Herz zu uns, und erwecke in Ihm ein Vertrauen zu uns, die wir uns feste Maurer heissen, die getreue Unterthanen sind, und an unserer eigenen Besserung und an der Vollkommenheit unserer Nebenmenschen arbeiten.

Lass Ihn keine einzige unserer Absichten verkennen, lass Ihn bis in das Innerste unsers Heiligthums dringen, führe Ihn bis ans Ende unsers vorgesetzten Zieles, damit Er einsehen und erkennen möge, dass unsere Werke, so unvollkommen sie auch jetzt noch sind, dennoch göttlichen Ursprungs und vervollkommnet werden können.

Flösse Ihm Liebe zum Orden, Neigung zu unserer Loge, die seinen erhabenen Namen führet, und zu allen unseren Schwesterlogen ein.

Entferne weit von uns den Geist der Zwietracht und Unverträglichkeit, und lass uns alle wie Brüder leben, wie Brüder einander lieben, und eines Leibes und eines Geistes werden. Schaffe uns noch vielfältig dergleichen frohe Tage wie heute, und lass uns mit jedem Jahre wachsen und zunehmen in Deiner

Erkenntniss, im Guten und in allen löblichen Tugenden, damit wir unserer Bestimmung gemäss leben, und dermal einst zur Ruhe eingehen mögen.

III.

Rede, gehalten in derselben Loge am Tage der Vereinigung mit der grossen Landesloge zu Berlin.

Wenn die himmlische Glückseligkeit einmal herabsteigt, um die Erde zu besuchen, so findet die Göttin ein Heiligthum, und nur eines, das ihr den abwesenden Himmel angenehm ersetzen kann, — den Busen eines Freundes. —

Diese Worte eines englischen Dichters sollen mir Gelegenheit geben, Sie meine Bundes - Brüder, von den Entzückungen einer wahren unveränderlichen Freundschaft, und von der daraus fliessenden Glückseligkeit eines Freimaurers zu unterhalten. Schenken Sie mir allerseits eine kleine Aufmerksamkeit, und schreiben Sie es sich selbst zu, wenn Sie allenfalls mein Vortrag ermüden sollte.

Wenn ich von der Freundschaft rede, so verstehe ich darunter, eine solche geläuterte Freundschaft, die auf nichts Rücksicht, auf nichts eine Beziehung, als auf das Wohlergehen der Freunde hat. Ich meine damit das Zusammenschmelzen der Seelen, und das brennende Verlangen, aus der Glückseligkeit Vieler nur eine einzige zu machen. Ich rechne hieher die geheime Sehnsucht, die wir bei der Abwesenheit unserer Freunde empfinden, und die laute Freude, welche wir bei ihrer Wiederkunft äussern. Ich verstehe darunter die Begierde, die Tugenden unserer Freunde bekannter zu machen, und das Bemühen, ihre Schwachheiten zu verbessern, oder wenigstens zu verbergen. Ich füge hinzu die wohlthätige Umspannung derer, die von der Natur mit Gaben des Glückes gesegnet, und das zuversichtliche Vertrauen der entgegengesetzten keine Fehlbitte zu wagen. Endlich darf ich die Bekümmernisse an den Sterbebetten unserer Freunde nicht vergessen, und eine solche Verbindung sollte der Tod aufheben? Was drohet uns der Tod? Konnt' er die Freundschaft scheiden? Dort strahlt sie erst mit reinem Glanze geschmückt, noch schöner als sie hier mit ihren — — — — besten Freuden uns auf der Erde hat beglückt.

Gewiss, meine Brüder! gewiss haben Sie es schon öfters gleich mir gefühlt, dass die Freundschaft in das innerste unserer Seelen gewebt, dass sie unveränderlich, als sie selbsten ist.

Und nun tretet herbei ihr glücklichen Maurer; ihr habt nebst vielen andern Tugenden und Gaben auch die Glückseligkeit, diese Freundschaft zu besitzen, oder, wenn ihr sie noch nicht habt, solche zu erwerben. Eine Glückseligkeit, die manche Beherrscher von Kronen und Scepter entbehren müssen, gegen welche alles in der Welt nur unvollkommen ist. Weichet nicht von diesem sicheren Wege der Tugend, die ihr einmal darauf seid; und die ihr es noch nicht seid, ringet darnach, um darauf zu gelangen. Und darnach werdet ihr alle meine Brüder mit mir einstimmen, dass die grösste Glückseligkeit eines Freimaurers die Freundschaft sei.

Euch Freunde glücklicher zu sehen,
Für meine Brust o welch' ein Glück.
Kein grösseres gewähret meinem Flehen
Unmöglich mehr das gütige Geschick. —

Vom himmlischen Vergnügen trunken
Fühl' ich, in euern Arm gesunken,
Dass Zeno sich und uns betrog.
Er, der den Werth von unsern Freuden,
Er, der den Werth von unsern Leiden
Nach seinem kalten Herzen wog.

Wer wagt's, wer wagt's die Freude auszudrücken,
Die meine Brust durchglüht, als ihr mich euern Freund
Zum erstenmale nanntet! welch' Entzücken!
So freut ein Jüngling sich, dem aus des Mädchens Blicken
Sein nahes Glück zu lächeln scheint. —
Seit diesem seligen Augenblicke
War euer Schmerz mein Gram und eure Lust mein Glücke.

Verzeihen Sie, meine Freunde, wenn ich das, wovon ich
Sie eigentlich zuerst hätte unterhalten sollen, zuletzt verspart
habe. Wenn ich Ihnen jetzt erst die wahre Veranlassung dieser feierlichen Versammlung melde, woran Sie alle, wie ich
gewiss überzeugt bin, mit mir gleichen Antheil nehmen. Wir
feiern heute den festlichen Tag, wo eine hochwürdige grosse
deutsche Landesloge uns an Kindesstatt annimmt, und alle
die Rechte und Vortheile zugesteht, welche sie anderen ihr
subordinirten Logen eingeräumt hat. Gewiss ein feierlicher
Tag, den wir schon lange zu uns herabriefen, den wir gleich
bei der ersten Entstehung unserer Loge im Sinne hatten, und
den wir auch nicht eher zu verlangen wagten, bis wir alle
Forderungen leisten, und uns allen Prüfungen mit Zuversicht
unterwerfen konnten. — Und Heil uns! Eine hochwürdige
deutsche Landesloge zu Berlin gab ihren Beifall zu unseren
bisherigen Arbeiten, billigte unsern Eifer, und alle die gewählten Mittel, zu unserm Zwecke zu gelangen. Noch mehr;
ein liebreiches Schreiben vom 27. November vorigen Jahres
versicherte uns ihres Schutzes, Wohlwollens und der getroffenen Anstalten auf das schleunigste unsern Wünschen zu will-
fahren. Sie wählte den würdigsten unter Ihnen aus, und sandte
ihn an uns, um nebst andern auf das allgemeine Beste abzie-
lenden Entwürfen auch unser rechtmässiges Verlangen zu be-
krönen, und uns in die grosse Kette der Freundschaft einzu-
schliessen, woraus uns nichts mehr verdrängen soll.

Und Sie sind es, hochwürdigster Bruder, dem sie dieses grosse Geschäft anvertrauet, der mit allen den erforderlichen Kenntnissen und Eigenschaften ausgerüstet, den wir schon lieben müssten, wenn Sie auch nicht unser Bruder wären und den wir noch mehr schätzen, weil Sie diesen süssen Namen führen.

Sie, der würdigste Freund, dessen redliches Herz —
Wie? ich singe Ihr Lob? Sie zu loben ward nicht meine
Seele geschaffen:
Sie zu lieben belebet sie mich,
Sie zu lieben, mein Bruder! Ewig lieben wir Sie,
Ewig schlägt für Sie in der zärtlichsten Brust
Dieses fühlende Herz,
Ganz von Ihrer Freundschaft erfüllet!
Zwar wir trennen uns wieder, doch auch ferne von Ihnen
Leben wir, Bester, für Sie! und Ihr Name mischt sich stets
in uns're Gespräche,
Ewig heilig bleibt er uns.

Keinen weitern Dank, mein Bruder, Worte sind zu unvermögend denselben auszudrücken, und Empfindungen lassen sich nicht beschreiben. — Sie haben uns durch Ihre Ankunft eine grosse Wohlthat erwiesen; und das Bewusstsein, eine edle Handlung begangen zu haben, sei nebst unserem Segenswunsch auf Ihr ganzes Leben Ihre Belohnung dafür.

Melden Sie der grossen deutschen Landesloge, unserer Beschützerin, und den Logen die durch selbe regiert werden, was Sie gesehen und gehört haben.

Schon glüht ich, ihr ein Lied zu bringen;
Allein mein Herz war zu voll
Und weiss nicht, was es sagen soll;
Und dann vergisst der Mund zu singen.

Uns aber, meine Brüder, die ihr Mitglieder dieser Loge seid, legt der heutige Tag eine neue Pflicht auf. Haben wir bisher, da wir noch unbekannt, aber auch unbelohnt an die Arbeit gingen, die Pflichten redlicher Maurer zu erfüllen gesucht: um so viel mehr liegt uns ein verdoppelter Eifer, und ein ernstliches Bemühen ob, diesen Pflichten immer getreu zu sein. Keiner unter uns, besonders aber keiner unter Ihnen, denen der Bau dieses Tempels und die Aufsicht über denselben anvertraut werden, ermüde in dem Eifer und dem Dienste, welche er dem Orden zu leisten verbunden ist.

Glauben Sie nicht, meine Brüder, dass es schon genug sei, mit der hochwürdigen deutschen Landesloge verbunden zu sein. Auch unsere Arbeiten müssen sie überzeugen, dass wir ihren Schutz und ihre Güte verdient haben, und desselben werth sind. Und dann wird sie uns ihr Vertrauen nicht versagen.

Dann wird uns ein jeder Bruder, auch der entfernteste seine Hochachtung widmen, und mit Entzücken unsern Namen nennen.

Dann werden auch Sie, schätzbare uns besuchende BB., denen ich auf Befehl unsrer heiligen Josephs-Loge den schuldigen Dank für den freundschaftlichen Antheil, den Sie an unserer heutigen Freude nehmen, erstatte — dann werden auch Sie — sage ich — fortfahren, mit Ihrer Gegenwart unsere Arbeiten zu unterstützen und zu verherrlichen. Dann wird eine wechselseitige Freundschaft unsere Logen beleben, und Neid, Missgunst und Uneinigkeit wird sich nicht bei uns einschleichen können. Und dann werden unsere zerstreuten Freunde sich wiederum zu uns versammeln und die Wollust unseres Freundschaftskelches schmecken, den sie so lange entbehrt haben, und unsere Feinde werden uns sogar ihre Hochachtung nicht versagen können, wenn wir so fortfahren, wie wir angefangen haben, welches ich von Herzen durch — — — wünsche.

IV.

Ueber die Beschäftigung mit Wissenschaften in der Maurerei.

Eine Rede von Br. Sch * * * g.

Wenn dürre Asceten die Beschäftigung mit irdischen Wissenschaften und Künsten für unheilig halten, wenn sie sie mit einer kontemplativen Lebensart unvereinbarlich finden, so ist es sehr verzeihlich, meine Brüder. Was sollte wohl Philosophie unter Menschen, die der Vernunft entsagen müssen? was Naturkunde bei Wesen, die alles übernatürlich haben wollen, und mit der Natur in ewiger Fehde leben? — Was würde Dichtkunst in Klausen, aus welchen Vergnügen, Liebe und alle sanften Empfindungen verbannt sind? was Redekunst da, wo die Misanthropie an alle Wände Silentium hinschrieb? was endlich Arzneiwissenschaft und Heilkunde, wo immerwährende Abtödtung, Zerfleischung und Zerstörung des Körpers zur Pflicht werden?

Nicht so verzeihlich ist es, meine Brüder! wenn Maurer diese Beschäftigung in unserm Orden profan finden, wenn sie irgend eine Loge, die sich den Wissenschaften widmet, mit Bitterkeit und Mystagogenstolze eine Akademie, eine literarische Klubbe schelten.

Ist denn nicht Weisheit eine der drei charakteristischen Vorzüge des Ordens? und was ist wohl Weisheit ohne wissenschaftliche Kenntnisse? — Ist nicht der mosaische Fussboden das Sinnbild eines wohlgeordneten Verstandes und reiner Grundsätze? und was sind diese anders, als Früchte des Umganges mit Wissenschaften? Glänzt nicht in dem Mittelpunkte der wichtigsten Hieroglyphe dieses Grades der Anfangsbuchstabe einer Wissenschaft, die es im strengsten Verstande die einzige ist, und darum auch vorzugsweise hier zum Sinnbild aller übrigen wird? Ist nicht endlich die Erklärung dieses Tapis voll der ausdrücklichsten Aufforderungen zur Uebung in Wissenschaften, und zur Pflege edler Künste? — Wahrhaftig! wer Beschäftigung mit Gelehrsamkeit unmaurerisch nennt, dem müssen alle diese Sinnbilder ohne Bezug, ohne Bedeutung bleiben, und er hat in der That einen sehr niedern Begriff von dem Zwecke des Ordens. Eine Gesellschaft, bei welcher Aufklärung und Bereicherung des Verstandes durch Wissenschaften, Veredlung des Herzens und der Sitten durch bildende Künste nicht zu institutsmässigen Verrichtungen gehören, kann unmöglich Wohlthätigkeit im ausgedehnten Sinne und Verbreitung menschlicher Glückseligkeit zum eigentlichen Ziele ihrer Vereinigung haben.

Doch deuteten gleich jene ehrwürdigen Symbole nicht so auffallend auf diese Beschäftigung, machte uns gleich der Unterricht dieses Grades sie nicht so ausdrücklich zur Pflicht, hätte sie gleich mit dem Zwecke der Maurerei keine so innige Verwandtschaft, oder wäre sie auch nicht für sich selbst schon die reizendste, erhabenste Beschäftigung des Geistes, und vielleicht die einzige, die uns berechtiget, das, was wir thun, Arbeit zu nennen, so würde doch die zweideutige Lage des Ordens, in der er sich gegenwärtig befindet, es schlechterdings von uns erheischen, mehr als jemals in diesem Stücke zu leisten, und uns durch einen höhern Grad von Thätigkeit für Wissenschaften und Künste auszuzeichnen.

Wollte Gott, dass es bei unserem mystischen Bau immer so still als bei Salomons Tempelbau zugegangen wäre, dass kein Geräusch der Arbeit je ein profanes Ohr uns aufmerksam gemacht hätte, dass der Einfluss des Ordens auf das Wohl der Welt ihr ewig ein unmerkbares Phenomenon, eine Wirkung des Zufalls, des Geschickes, oder irgend einer namenlosen Ur-

sache geblieben wäre, dass sie die Früchte unsrer gesellschaftlichen Bemühungen immer für die Spuren einer unsichtbar
umherwandelnden Gottheit gehalten hätte; sicher würden wir,
in uns selbst verschlossen, die Süssigkeiten der engsten Freundschaft und das Bewusstsein edler Handlungen mit unendlich-
mal lebhafterem, innigerem Vergnügen als jetzt geniessen,
sicher fänden wir uns ruhiger, entfernter von Verlegenheiten
bei einer gänzlichen Unwissenheit und Sorglosigkeit des Staates um uns, als bei dem geräuschvollen Schutze, den man
uns allenthalben so sehr zu verleiden sucht.

Allein, meine Brüder! seitdem es nun einmal mit uns
bis zu dieser Publizität gekommen ist, seitdem man uns mit
Gewalt aus der Koulisse hervorgezogen, und hin auf die grosse
Bühne der Welt gestellt hat, seitdem ist es uns unnachlassbare
Pflicht, die Rolle mit Anstand und Würde zu spielen, seitdem
kann uns das Urtheil der Welt nicht mehr gleichgiltig bleiben. Wir stehen jetzt mit allen öffentlichen Gemeinheiten in
einer Reihe, wir wandeln unter den Augen einer allgemeinen
Beobachtung, als eine sittliche Person, von deren Innerem man
nichts weiss und darum alles erwartet. In diese Verhältnisse
geworfen, muss uns das Streben nach einem vortheilhaften Rufe,
nach einer ungeheuchelten Achtung unserer Mitbürger so sehr,
als jedem Manne von Ehre, am Herzen liegen. Wir haben den
schimpflichen Begriff eines politischen Mönchthums, den man
von uns zu verbreiten bemüht war, zu zernichten, und den
äusserst demüthigenden Vorwurf, als liefe unsre ganze Beschäftigung auf nichts sonst, als auf Festgelage, oder müssige
Grübeleien über mystischen Unsinn hinaus, durch Beweise
einer gemeinnützigen Thätigkeit zu widerlegen.

Aber von welcher Seite, meine Brüder! dürfen wir wohl
der Welt diese Thätigkeit sehen lassen? wodurch ist es uns
erlaubt die, unsrer geänderten Existenz so unumgängliche
Ehre und den Ruhm eines nützlichen Instituts zu erwerben?

Etwa durch eine pharisäische Kundmachung der stillen Wohlthaten, die hie und da ein Unglücklicher von uns empfängt,
und bei deren Ausspendung nicht einmal die linke Hand wissen soll, was die rechte thut? Sollen wir Armen, Siechen und
Waisen Zufluchtsstätten errichten, und dann mit Trabeal-Buch-
staben über die Portale hinschreiben, dass sie Werke unserer
Erbauung sind?

Welch ein Gedanke, aus den Wohnungen des menschlichen Elends Denkmäler der Eitelkeit machen, und in den
Mühseligkeiten unseres Geschlechts Befriedigung für den Kit-
zel der Ehre suchen. Nein, meine Brüder! so was würde uns
auf einmal um unsern ganzen moralischen Werth bringen und
unsere Mildthätigkeit zu einer Schaumünze von unedlem Metalle machen. Von dieser Seite und überhaupt von einer Thätigkeit, die blos auf Rechnung des Herzens geht, die nur von
ihrer Geheimhaltung den höchsten Werth erhält, soll die Welt
wenigst durch unser Zuthun erfahren. Es bleibt uns also nichts
übrig, als durch Thätigkeit von Seite des Verstandes um Achtung und Ruhm zu arbeiten und uns als eine Gesellschaft zu
erkennen zu geben, die nicht geduldet, sondern gesucht zu
werden verdient, die der Staat nicht zu ihrem, sondern zu seinem Vortheile in Schutz genommen hat.

Lassen Sie uns zu diesem Ende unsere Kenntnisse, Be-
merkungen und Entdeckungen, die wir sowohl im wissenschaftlichen, als im Kunstfache durch Lektüre und Erfahrungen ge-
sammelt haben, ohne Eigennutz, ohne Zurückhaltung, gleich
den Bienen in einen gemeinschaftlichen Platz zusammentra-
gen, sie da zu einer gemeinnützigen Masse verarbeiten, und
damit die allgemeine Masse menschlicher Erkenntnisse ver-
grössern. Lassen Sie uns den Ruhm und die Achtung, welche
jeder von uns durch sein Talent für sich erwuchern könnte,
grossmuthsvoll der Ehre eines Ordens zum Opfer bringen, für

dessen Vertheidigung selbst unser Blut uns nicht zu theuer sein darf.

Ein Orden, der in seinem Schosse die fähigsten Köpfe, und die mächtigsten Mezänaten unter einander verbrüdert, wo der vertraulichste Umgang zur wechselseitigen Aufklärung und zu einer uneingeschränkten Mittheilung der Geistesschätze den Weg von selbst bahnt, wo durch das Band der Liebe die Ehre und die davon abhangende Erhaltung des Ganzen zum gemeinschaftlichen Interesse aller Theile wird, solch ein Orden, solch eine Gesellschaft kann, wenn sie will, für Wissenschaften und Künste, für Verbreitung erspriesslicher Kenntnisse, für Besserung des Herzens und der Sitten mehr als jeder noch so glänzende Kreis der Akademiker leisten.

Und dies, meine Brüder, erwartet Joseph von uns; er verkündigte es laut der Welt, indem er jenen mächtigen Arm über uns zum Schutze ausstreckte, mit welchem er zu gleicher Zeit die Wohnsitze religiöser Unwissenheit und des Müssigganges zerstöret, um auf ihren Ruinen zum Theile das Glück seines Volkes zu bauen.

Neubeförderte Brüder Gesellen! blicken Sie auf zu jenem flammenden Gestirn und lernen Sie daraus, wozu Sie, wozu wir alle kraft dieses Grades berufen sind.

V.

Ueber das Verhältniss des Maurerordens zum Staate.

Eine Rede am Namensfeste des Kaisers Joseph II. von Br. F. * *

Wenn ein treues Volk an der fortdauernden Thatkraft und am heiteren Selbstgefühl seines Fürsten frohen Antheil nimmt; wenn das ganze Land in eine Familie von Kindern zusammenschmilzt, die das Fest ihres grossen Hausvaters feiern, wenn Alte und Junge mit einander empfinden, was die Wonne dieses wiederkehrenden Tages, was das heilige Naturgefühl kindlicher und väterlicher Liebe für Balsam in die Herzen giesst; welche Empfindungen müssen dann den Maurer durchströmen, hier am Altar der reinsten Menschentugend, wo er Gott, dem Orden und dem Staate unverletzliche Treue gelobte, wo ein Kreis ehrwürdiger Männer ihn als Bruder mit Liebe umfing, wo Bilder, Unterricht und Beispiel die Pflichten der Menschheit mit heiligem Ernst auf sein Gewissen banden, und jeder zartere Tugendsinn in seiner Seele erwachte.

Als Bürger theilten auch wir bereits das Glück patriotisch gesinnter Deutschen; auch wir frohlockten dem Anbruch des Tages, der uns an den Urheber grosser, noch nicht genug erkannter, von der Nachwelt einst heilig verehrter Wohlthaten erinnert; wir hoben insgeheim, das Herz voll Inbrunst, dankbare Hände zum Herrn des Schicksals empor; wir dankten im Namen Deutschlands, im Namen der der Menschheit für Licht und Wahrheit, angezündet in vielen tausend Köpfen und Herzen, und wir seufzten, wir flehten, den Blick noch mit Abscheu und Schrecken auf jene finstere Nacht geheftet, die jüngst vor dem Antlitz des erleuchteten Menschenhirten nicht ohne angedrohte Wiederkehr entfloh, um Frist, sie vollends zu tilgen, um Vollendung alles dessen, was bereits die milde Weisheit der Natur und der heilige Wahrheitseifer in Joseph uns schenkte, und um die längste Dauer seines ruhmvollen thätigen, menschenbeglückenden Lebens.

Ist aber dieser geheime Versammlungsort ein Tempel der Tugend, ist das Licht im Osten der Brennpunkt, der die reinsten Strahlen ihres himmlischen Feuers in sich vereint, welcher Ausdruck unserer Mitgefühle wird alsdann dem nächtlichen Dunkel und der friedlichen Stille angemessen sein, die uns ungeweihten Ohren und Augen entziehen? Darf etwa mitten unter uns derselbe laute Jubel erschallen, der ausserhalb dieses Viereckes den Luftkreis zwar erfüllt, doch bald auch

darin zerflattert? Soll Joseph, dem es genügt auf seinem Throne
ein Mensch zu sein, ein wahrer Mensch, frei von allem, was
die Menschheit fesselt, entstellt, und soll Er, der Stolz unseres Jahrhunderts, nur leeres Wortgepränge, nur höchstens
den Widerhall des Lobes, das tausendzüngig draussen ertönt, von Maurern empfangen? Ferne sei's, im stillen Heiligthum der Wahrheit Empfindungen der Bewunderung, des
Dankes und der Liebe mit blossen Worten auszudrücken, die
auch der Heuchler missbrauchen kann. Wie vor dem Richter-
blick vollendeter Obern weder das Ceremoniel der Aufnahme,
noch der vergönnte Anblick dieses symbolischen Teppichs,
noch auch das Vorrecht unter Brüdern ein Bruder zu heissen und mit dem Schurz der Unschuld äusserlich umgürtet zu
sein, die Siegel des echten Maurercharakters sind; so wenig
können auch Freudenbezeugungen, die nur der Volksfeier
nachahmten, nur vergängliches Aussenwerk blieben, und keinen bessernden Eindruck auf das Herz zurückliessen, des
Maurertempels würdig und den uralten Ordenssitten ähnlich
sein.

In unsern alten, mit tiefer Weisheit erfundenen Sinnbil-
dern, so mancherlei geheimnissvoller Bedeutungen sie fähig
sind, und so viel darüber vom unseligsten Parteigeist gestrit-
ten wird, liegt wahrlich keine Lehre aufgedeckter als
diese: dass des Maurers Sache nicht Worte sind, sondern stille,
entschlossene, folgenschwere, des hohen heiligen Menschen-
namens würdige That. Der Maurer reiset, er baut, er arbeitet, er schreibt, er sucht; mit einem Worte: er ist thätig.
Habe ich diesen Grundbegriff richtig gefasst, und liegt er, wie
mich's dünkt, in der wesentlichen Einrichtung des Ordens, so
muss er uns auf die Art der Feier leiten, die dem heutigen
Tage unter uns angemessen ist. Wenn Bildung unserer selbst
eines der wichtigsten Geschäfte ist, das uns als Maurern ob-
liegt, wenn unsere Arbeit mit Recht den ehrwürdigen Namen

des Baues der Tugend führt, so gibt es nur Ein Opfer, das
heute unserer selbst, und des Monarchen würdig ist, der im
Gefühl seiner Pflicht, so wie im Range, allen andern vorgeht.
Auf denn, meine Brüder! sein Name sei uns heute eine Losung, bei der wir uns mit doppeltem Nachdruck an unsere
Maurerpflichten erinnern. Ihm zu Ehren verwandle sich hier
die laute Freude des Festes in denkenden Ernst, und in ein
eifriges Bestreben, um den Ruhm des echten Maurers zu kämpfen. Lassen Sie uns ihm tugendhafte Unterthanen an uns selbst
bilden helfen, durch die er seine weisen Absichten gründe,
befördere und vollende! Seinen Namen krönt die Geschichte
mit einer bessern Unsterblichkeit, wenn sie, statt eines hoch-
tönenden Hymnus, Beispiele edler Thätigkeit aufzeichnen kann,
die der Wunsch eines solchen Pflegevaters werth zu sein in
seinen Kindern erzeugte.

Ein starker Trieb, meine verehrungswürdigen Brüder!
ein Trieb, den ich maurerisch zu nennen wage, ruft ihren anwesenden Bruder auf, heute mit ihnen von einigen unserer
Hauptpflichten zu sprechen, und ihnen diesen so richtigen
Maassstab, der unsere Handlungen gegen Ordensglieder und
Ungeweihte bestimmt, aus seinem besonderen Gesichtspunkte
vorzulegen. Einst war er Zeuge ihrer Anhänglichkeit, ihres
Eifers, ihres Maurerfleisses; er sah sie unter dem Hammer
unseres Hochwürdigsten im Orden vereint, mit Treue, Tugend
und Liebe diesen unsern Vater, die Sonne dieser kleinen Mau-
rerwelt, die er erleuchtet und erwärmt, in deren Glück er
glücklich ist, zum Muster und Vorbild sich wählen. Auf den
bleibenden Eindruck, den dieser rührende Anblick in ihrem
nunmehr weit entfernten Bruder zurückliess, darf er sich kühn-
lich berufen, um vor dem Richterstuhl ihrer Herzen darzu-
thun, dass ein sehnendes, unaussprechliches Verlangen im
Geiste bei ihnen zu sein, mit ihnen zu arbeiten, zu bauen, zu
suchen, ach! in ihrem Andenken und ihrer Liebe wieder auf-

zublühen, sein ganzes Wesen durchzittert, und ihm den Stoff
zu ihrer heutigen Unterhaltung ablockt. In einsamen Stunden,
wenn er sich der süssen Erinnerung an das Band der wahren
Eintracht überliess, ward ihm oft der Gedanke lebhaft: Was
uns im Staat zu rechtschaffenen Bürgern macht, sei eben dasjenige, was uns im Orden zu guten Maurern bildet. Was über
diesen Satz neues, wahres und schönes gedacht und gesagt
werden kann, wäre allerdings ein Vortrag, der Maurern heut
zu hören und zu beherzigen ziemte; allein wenn das Ordens-
glied, das ausserhalb der Logenkette vereinzelt in der Ferne
steht, dessen Kopf und Herz von seinen Brüdern keine Nah-
rung, keine neue Stärkung bekommen kann, vielleicht nur
alte Wahrheiten wiederholt, so fühlt es sich gleichwohl als
Mensch und Maurer dabei, und dieses Selbstgefühl weckt
sicherlich Theilnehmer und Freude im Kreise der Edlen! Be-
schirmt von ihren Brüdern, streckt die junge Eiche ihr stolzes
Haupt empor, sie breitet ihre Aeste weit um sich her, und
ihren zartesten Sprossen droht keine Gefahr; sie wächst heran,
und wird, wozu sie schon im Keime bestimmt war, die Zierde
des Hains; aber jene zwischen öden Felsenritzen, oder auf
der nackten, leeren Sandwüste einsam hingestreut, ein Spiel
der Stürme, ein Opfer des Wetterstrahls, steht entblättert
und zerschlagen da; nur verkünden noch des schmucklosen
Stammes Ueberbleibsel ihr hohes Geschlecht.

Die strengste, unverletzlichste Verschwiegenheit ist das
erste Grundgesetz der Maurerei, und ihre unüberwindliche
Ringmauer gegen die ganze übrige Welt. Männer von grossem
Ansehen im Orden sind zwar als seine Schutzredner öffentlich aufgetreten; doch dieses geschah jener heiligen Pflicht
unbeschadet. So viele schiefe, falsche, und sogar boshafte
Urtheile der Profanen über den Orden, konnten ihn allerdings

einmal berechtigen — nicht unser geheimes Bündniss herauszustreichen, das kein Tadel verletzt, und das keines Lobes bedarf, nicht seinen Zweck zu rühmen, der uns alles, und den Ungeweihten nichts ist, sondern — die grosse Wahrheit an den Tag zu legen, dass in der allerheiligsten, das ist: einer freiwilligen Verpflichtung zur vollkommensten Erfüllung seiner natürlichen Bestimmung als Mensch, die Sittenlehre des Menschen besteht: zum Zeugniss über eine Welt, in welcher schwindliche oder auch verschmitzte Köpfe alles Gute, Grosse, Schöne bezweifeln, alle Tugend und Wahrheit läugnen, und alles Gefühl von Menschenwürde hinwegvernünfteln wollen, das ausgenommen, welches aus Frömmelei und Aberglauben fliesst.

Allein soviel die weise Vorsicht der Ordensobern hievon den Zeitgenossen zu offenbaren befiehlt, so deutlich sie auch zuweilen einen Theil der Freimaurerbeschäftigungen der öffent_ lichen Aufmerksamkeit preisgiebt *) und so sehr es dem Geiste unserer Zeiten angemessen sein mag, gewisse Heimlichkeiten des Ordens auf Dächern zu predigen, die man sich ehedem ins Ohr gesagt; so pflichtwidrig müsste gleichwohl ohne Sanction der Obern jeder gedruckte oder mündliche Unterricht von diesen Gegenständen sein. Ohne Verrath hätte die profane Welt schwerlich den Orden jemals kennen gelernt. Die nachtheiligen Begriffe aber, welche von lusterhaften und treulosen Ordensgliedern herrührten, suchte theils die Neugier, theils die Schadenfreude zu erweitern. Vergebliche Mühe so lange jeder tugendhafte Maurer, der seinen Orden kannte, verschwiegen und verborgen blieb. Oft machte man unsre geheimen nächtlichen Zusammenkünfte verdächtig, oft beschuldigte man uns einer gesetzwidrigen, dem Staate nachtheiligen Absicht und

---

*) Man sehe die Werke nach: Apologie des F. M. Ordens, Zweck des F. M. Ordens; über alte und neue Mysterien; Stein des Anstosses und Fels der Aergerniss.

forderte uns auf, diese harte Anklage von uns abzulehnen.
Auch bei dieser unstatthaften Schmähung war es dem echten
Maurer ein Leichtes in das Bewusstsein seiner Rechtschaffenheit gehüllt, stillschweigend zu dulden. Nur der unzeitige
Eifer einiger raschen Brüder reizte sie zur Vertheidigung
einer Tugend, die aufhört Tugend zu sein, sobald sie zur
Schau getragen wird. Unerfahrene Glieder des Ordens hielten
ihm damals Lobreden in der profanen Welt, und prunk-
ten öffentlich mit Menschenliebe und Wohlthun, ohne zu
fühlen, dass durch diesen angemassten Nimbus von Tugenden, Eitelkeit und Selbstliebe im höchsten Grade hervor-
stachen. Welch' ein Makel in den Annalen der Maurer, dass
gerade ihre schreibseligste Epoche die ärmste an stiller, unge-
schminkter Maurertugend war.

Durch Schwätzer aus seiner eigenen Mitte in des Staats-
mannes Augen verkleinert, verdankte der Orden vielleicht den
allgemeinen Schutz, den man ihn jetzt angedeihen lässt,
weit weniger seiner Nützlichkeit, als einem verächtlichen
Begriffe von seiner Wichtigkeit. In vorigen Zeiten hingegen
hatten unsere Vorfahren im Orden durch Verschlossenheit
öfters den Argwohn der gesetzgebenden Macht erregt und
allen Drang der Verfolgung erlitten. Jedoch als eine Gesellschaft, die sich nie mit Welthändeln befasst, nie wider irgend
einen Staat, in dem sie wohnte, die Hand ausgestreckt, und
niemals eigenmächtig gegen offenbaren Druck und willkür-
lich an ihr verübte Gewalt sich zu wehren erkühnt, bewiesen
diese tugendhaften Männer in solchen Fällen ihre Unschuld
jederzeit durch unbegränzten Gehorsam und schweigende Un-
terwerfung.

O hätten es die Verfolger unseres Ordens gewusst, dass
gänzliche Selbstbeherrschung das zweite Grundgesetz des
freien Maurers ist, nie hätten sie seine heimlichen Zusammenkünfte am Altare der Tugend zerstört, nie hätten sie die

Rechte solcher Menschen und Mitbürger verletzt, deren stilles Bestreben nach wahrer Vollkommenheit und Freiheit des Geistes vielmehr den schönsten bürgerlichen Kranz verdient. Allein Verfolgung und Drangsal sind Probirsteine, woran nur lasterhafte Bündnisse zerscheitern, die Tugend hingegen bewährt erfunden wird, und ihren höchsten Glanz erlangt. Darum vermochte auch noch kein politischer Bannstrahl, kein ungerechter Zwang des weltlichen Arms, durch Aufhebung unserer Logen, durch Verfolgung und Proscription unserer Brüder den Ordensgeist zu zernichten, der mit der Grundkraft der menschlichen Natur so innig verwebt und mit ihrer Bestimmung so ganz eines Wesens ist. Wer Gefühl und Empfänglichkeit besitzt für Weisheit, Schönheit, Stärke; wer Wahrheit aus dem beredten Buche der Natur mit unbefangenen Sinnen liest, und ihren reinen Urquell über alles liebt; wer von allem, was nicht gut und vollkommen ist, sich unabhängig erhält; kurz wer zum Maurer eingeweiht, kraft dieses neuen Berufs die Laufbahn der Prüfung und Tugend betritt, der ist und bleibt überall, mit freiem unbefangenem Selbstgefühl ein freier Maurer in der Versammlung wetteifernder Brüder, wie im Gewühl der profanen Welt, in der Hütte wie im Palast, im Kerker wie auf dem Throne, in der Wüste wie im Elysium.

Wie reizendschön, wie herzerhebend — hier im Verborgenen dürfen wir's sagen — wie göttlichgross ist dieses Band! Was ist edler, und der Würde unserer Vernunft angemessener als dieses Sehnen und Emporstreben nach Freiheit! Welch ein erquickendes, stärkendes, anmunterndes Schauspiel gibt uns die reine Stimme der Natur in demjenigen Menschen, der allein was sein Empfindungsvermögen Lügen strafen und seine Vernunft verdammen will, hier ewige Feindschaft schwört, der im Durste nach Wahrheit sich göttlichen Geschlechtes fühlt, und hingerissen von mächtiger Empfindung des mit ihm verwandten Guten und Schönen, sich ihrem seligen Zuge ganz überlässt. Ich muss ihn Liebe nennen, diesen sympathetischen Zug, der gleichgestimmte Gemüther zu gleichen Zwecken vereint, Bruderliebe, diese dritte, heiligste, sich selbst belohnende Maurerpflicht. Kennen Sie, meine Brüder, auf Erden ein schöneres, liebenswürdigeres Bild, einen getreueren Abdruck des vollkommensten Wesens, welcher der Gegenstand der reinsten Liebe ist, als den Erstgebornen der Erde, den wahren Menschen, der ein vollkommenes Gleichgewicht erhält zwischen allen in sein Wesen gepflanzten Trieben und Kräften, der die unabänderliche Natur zur Führerin sich wählt, an ihrer Hand den Pfad der Zufriedenheit und des wahren Genusses betritt, seine gesellschaftlichen so fest geknüpften Bande anerkennt, den unfruchtbaren, feindseligen Egoismus verläugnet; mit richtigerem Selbstgefühl hingegen sich für Andere dahingibt, für sie nur lebt, sie glücklich und weise, wie sich selbst zu machen sucht, und dann — ruhige Blicke heftet auf den unerschöpflichen Quell alles Daseins, in dessen Tiefen die fernere Entwicklung seines Schicksals, mit undurchdringlicher Nacht verhüllt verborgen liegt?

Ja fürwahr! du bist es, du sanfte Anziehungskraft gleichgearteter Wesen, du Leben für Andre und Empfinden in Andern, alles vereinende und zusammenschmelzende Liebe! das einzige wahre unwandelbare Glück der Menschheit bist du! Bestes Geschenk der Natur! Siegel der Gottähnlichkeit! kann der schwache Odem des Unvollendeten dich würdiglich preisen? Kann der Lehrling, dessen Herz noch kaum dein erstes Dämmern empfand, kann er Gluth vom Altar nehmen, Farben aus dem Meer der Morgenröthe schöpfen, um deinen milden Feuerstrom in Worten auszugiessen, da wo er wesentlich alle Brüder, alle Bürger, alle Menschen mit unzertrennlichen Banden umschlingt! Im Augenblick, wo die Pracht und Harmonie des Weltalls des Maurers Herz mit Staunen

und Ehrfurcht erfüllt, reisst ihn dein kühner Schwung, ent-
zückende Liebe! über alle Sphären hinauf, zum ewigen Quell,
dem er entfloss! hier schweigt die Harfe begeistert, Lippen
verstummen, ihr Stammeln würde unnennbare Gefühle entweihen!

Sehen Sie, meine Brüder! welch' ein herrliches Ziel,
wohin uns der Maurerbund führt! Die vollkommenste Entwicklung dieser eigenthümlichen Kraft unserer menschlichen
Bildung ist, alles unsers Strebens, aller unsrer Gelübde und
Aufopferungen erhabenster Gegenstand. Glücklich der Bruder, unter dessen Händen das Samenkorn der Liebe allmälig hervorsprosst, durch dessen Pflege es fortwächst und
grünt; und wenn es endlich zum starken Baume des Lebens
gediehen ist, dann dreimal Heil dem, der unter seinen Schatten wohnt, dem seine goldnen Früchte reifen zur Vollkommenheit des seligsten Genusses.

Doch nicht von Belohnungen, von Pflichten nur ver-
sprach ich heute zu reden. Belohnungen setzen Verdienste
voraus; grosse Vorzüge werden nur mit grossen Aufopferungen erkauft, und Ehrenkronen sind nur Früchte des theuer
erfochtenen Sieges. Genug also für uns, dass Veredlung der
Menschheit, deren zufällige Unarten niemand freimüthiger
eingesteht als der Maurer, und niemand tiefer einsieht als er,
dass Ausbildung und Pflege des guten Keims im Herzen und
Kopfe, hier im Stillen unsere Hauptbeschäftigung ist. Hatten
wir auch etwa vor unserer Aufnahme andere Begriffe vom
Orden gehegt, so verschwanden sie doch beim ersten Schimmer seines Lichts und selbst jene Erinnerungen an den Kör-
pertod, die eine stille Vorbereitungsstunde in unserm Innern
hervorrief, sollten schon Beziehungen auf die Natur sein, auf
deren Gesetzen der Orden beruht. Es musste daher dem
Rechtschaffenen das Herz vor Freude schlagen, wenn er hier
beim ersten Unterrichte die Zufriedenheit zum Ziele aufge-

steckt, wenn er Natur und Weisheit hier zu seinen Führerinnen auserkoren sah. Nicht mehr blos träge und thierisch im Erdenschlamme zu kriechen, aber auch nicht ferner aufgedrungene Lüge statt empfundener Wahrheit zu vergöttern, sondern vielmehr einer edleren Bestimmung eingedenk, sich hingezogen fühlen zur unverfälschten Erkenntniss des Wahren, Schönen und Guten, thätig sein aus dieser inneren Regung, den Werth der Leidenschaften, so wenig wie den Nachtheil ihres Missbrauchs verkennen, die Blössen des Herzens mit strenger Wachsamkeit decken, Gutes thun und lieben auch ohne andere Vergeltung, als die des eigenen Beifalls und so von Stufe zu Stufe sich vollendend entwickeln, welch' ein würdiges Geschäft, welche Glückseligkeit für jeden gegenwärtigen Augenblick, und welche Vorbereitung auf jeden folgenden. O dass jeder Lehrling es gerührt empfände, dass dies die theuren Pflichten sind, denen er sich freiwillig, doch auf ewig ergab.

Freiwillig! — Auch dieses Wort zu wiederholen erheischt die Pflicht des maurerischen Redners. Ja oft und täglich meine Brüder! müssen wir gedenken, dass dieses unser Bündniss mit der Tugend, dass sowohl der Eintritt als der Fortgang im Orden, dass alle unsere Gelübde und Aufopferungen freiwillig sind. Dieses Wirken der Grundkraft unseres Wesens, dies freie Wollen nur, und keine Art des Zwanges, erzeugt die wahre Glückseligkeit; denn niemand hat es ja vermocht, durch blossen Zwang, sei's auch der kräftigsten und billigsten Gesetze, den Menschen mit Gewalt und wider innere Ueberzeugung zum Frieden seiner Seele, zum heitersten Genusse seines Daseins zu treiben. Bestimmt, nur negative Zwecke zu erreichen, dem Bösen nur Schranken zu setzen, und seine feindseligen Wirkungen zu hemmen, wie konnten sie die todten Buchstaben des Gesetzes, tugendhafte Grundsätze und Handlungen einsprechen und Kräfte des Guten erwecken, die nur aus dem innern Streben des Wahrheit ahnenden Geistes freiwillig hervorgehen?

Freiheit des Maurers, — nicht jene rohe, zügellose Wildheit ungesitteter Barbaren, nicht jene argwöhnische Selbstsucht des demokratischen Geistes, nicht die Ungebundenheit der Leidenschaften und thierischen Triebe, sondern — das grosse Vorrecht, nach einem sympathetischen Gefühle von Uebereinstimmung des Wahren, Schönen, Guten zu handeln, und über alle Hindernisse siegen zu können, die dieser angebornen Anziehungskraft entgegenstehen, diese Freiheit, als eine nur von oben herab zerschmetterte Säule steht noch auf ihrem Grunde fest, des Lehrlings unvergessliche Losung. Ihm sollen ihre Trümmer ehrwürdig und heilig sein, er soll darauf fortbauen und sicher hoffen, sie dereinst in ursprünglicher Vollkommenheit wieder hergestellt zu sehen.

Aus dieser Freiheit, dieser zwar eingeschränkten, jedoch durch Uebung immer wachsenden oder sich entwickelnden Grundkraft unseres Organismus, vermöge welcher wir uns dem Ruhpunkt des Weisen nähern können; aus dieser mit dem Namen des Ordens selbst verflochtenen Freiheit fliesst also jede unserer Pflichten her. Ohne jetzt zu erörtern, wie alles ihr Wirken lautere Menschenliebe ist, wie Selbstbeherrschung und Selbstprüfung unausbleibliche Folgen ihrer Entwicklung sind, nenne ich nur noch die edelste ihrer Früchte, den grossmüthigen Gehorsam, womit der Maurer seinen Führer ehrt. Wie wundervoll, und welcher Palmen würdig ist diese gränzenlose Selbstverläugnung im Schosse eines Ordens, der sich aus allen Ständen seine Mitglieder wählt, der allen Unterschied der Geburt, der Ehre und des Reichthums aufhebt, um alle zu erinnern, dass sie der Baumeister des Weltalls zu Brüdern schuf, dass Brüder hier aus eigenem Antrieb ihren Brüdern gehorchen, alles ihnen opfern, nur ihr Gewissen nicht;

welch ein grosses, rührendes Schauspiel ist das, welch ein glorreicher Sieg der moralischen Freiheit.

Vorgänger auf einem Pfade, den der Lehrling noch vor sich liegen sieht, Männer, die dort bereits überwunden, wo ihm noch mancher harte Kampf bevorsteht; Freunde endlich und Väter, die seiner Jugend und Unerfahrenheit zu Hilfe eilen, die des Keims der Tugend in seiner Brust mit Weisheit und Sorgfalt pflegen, Ihr seid es, gute grosse, liebreiche Brüder, die der Maurer als seine Obern mit stiller, inniger Empfindung verehrt, denen er im Herzen kindliche Gegenliebe weiht.

Die natürlichste, ja die rechtmässigste Oberherrschaft in der ganzen Schöpfung ist diese Fürsorge des Weiseren und Besseren, und in sich selbst Vollkommenen, für den Schwachen, der seines Schutzes bedarf, den Unmündigen, dessen Seelenkräfte er erst entwickeln, den Unvollkommenen und Dürftigen, den er ausbilden, dem er die Quellen seines inneren Reichthums öffnen, den er mit einem Worte in sich selbst glücklich machen soll. Je vollkommener das Wesen, je schönere Harmonie in seinen Geisteskräften liegt, und Regel seines Wirkens ist, desto fähiger und würdiger ist es, den Kurzsichtigen hellsehend zu machen, den Gebundenen zu entfesseln, den Irrenden zu seinem eignen und dem allgemeinen Besten, Schranken anzuweisen und Gränzpfähle zu stecken, von denen er sich nicht entfernen darf; das Urbild dieser Vormundschaft, in aller seiner Einfalt und Würde, erlebte das Menschengeschlecht zuerst im asiatischen Zelte.

Dort war der ehrwürdige Hausvater zugleich der Urheber, Beschützer und Erhalter, der Führer und Lehrer seiner ganzen Nachkommenschaft. Sein kleiner Reichthum von Erfahrungen, die auf physische, gesellige und sittliche Glückseligkeit Einfluss hatten, ward ihnen nach und nach durch Beispiele und Unterricht zu Theil. Wie der Acker allen Be-

dürfnissen des Lebens genügt, wie der Mensch die Thiere des
Feldes zu Gehilfen seiner Arbeit macht, wie ihn Liebe mit
allem was ihn umgiebt verkettet und ihn besonders im Menschen unaussprechlich beglückt, wie er mit Wenigem genüg-
sam lebt, und dann mit einem heitern Rückblick auf sein thä-
tiges, naturgemässes Leben, des reinsten Genusses satt, und
was auch ihm bevorstehen möge, durch das Verflossene
beruhigt und zufrieden stirbt. Diese ersten felsenfesten Grund-
lehren aller Kunst und Wissenschaft sammelten die Söhne von
den Lippen des Erzvaters, und wurden nach seinem mächti-
geren Vorbilde, nicht nur Hirten der Thiere, sondern auch
Hirten hervorkeimender Völker. Lebendig und frisch im Gedächtniss waren dem jungen Menschengeschlechte die Ereignisse seines Anfangs, und ganz im kindlichen Geiste nannte
es Gott selbst seinen Vater. Kindlich waren alle seine ersten
Begriffe: die Welt des grossen Allvaters Haushalt, der Himmel, sein Gezelt, alle sichtbaren Dinge sein Eigenthum und
seiner Hände Werk, jede Erscheinung, jedes Hervorbringen
der Natur seine unmittelbare Wohlthat, und so ward kind-
liches Vertrauen, kindliche Liebe der erste Gottesdienst. Nur
eine Familie war das Menschengeschlecht, ein Völkchen von
Brüdern, und ihr Vater Gott. Der sichtbare Stellvertreter,
der Erstgeborne, der Vertraute des Vaters und sein Mitregent,
ein grauer Patriarch im Kreise seiner Enkels-Enkel.

Diese glückliche Verfassung, in ihrer Einfalt so schön,
sollte gleichwohl von keiner Dauer sein; bald verschwand sie
wie eine süsse Traumgestalt und liess kaum eine Spur zurück.
Gegen den bessern Funken der Geselligkeit, von dessen Pflege
das Wohl der Menschheit abhing, empörten sich unlenksame
Leidenschaften, und oft erstickten sie ihn. Bald wimmelte es
von solchen Wesen auf Erden, die zwar mit Willen, Einbildungskraft und Verstand begabt, jedoch ohne alle Entwicklung ihres angebornen Verbindungsmittels, des Gefühls

von Billigkeit und Menschlichkeit, nur als vernünftige Raub-
thiere lebten. Jedes derselben existirte für sich allein, wähnte
sich selbst den Mittelpunkt, um den die ganze Welt sich
drehe, für dessen Genuss sie lediglich erschaffen sei; keines
war mit dem andern durch das geringste Mitgefühl verbrüdert,
und keines kannte eine andere Freude, als die Empfindung
eines vernichteten Widerstandes. Die unseligen Begriffe des
Eigenthums und der Alleingewalt tränkten die Erde mit Strö-
men von Blut, und wie jene fabelhaften aus Drachenzähnen
entstandenen Ungeheuer sich vor den Augen des Kadmus
unter einander verzehrten, so schien zuletzt die gänzliche
Aufreibung dieser feindseligen Geschöpfe unter einander un-
ausbleiblich zu sein. Jedoch die Weisheit, die das Schicksal
der Menschheit abwägt, hatte auch hier bereits dem Toben
ihrer Leidenschaft ein Ziel gesteckt. Aus der blutigen Erfah-
rung, dass nichts im ganzen Umfange der Natur so fähig sei
dem Menschen zu schaden, als ein andrer Mensch, leuchtete
endlich die unvermeidliche Nothwendigkeit gesellschaftlicher
Verträge hervor. Der heisse Wunsch im ungestörten Genusse
des Eigenthums zu bleiben, knüpfte zwischen jenen gesetz-
losen Horden das erste schwache Band und legte ihrer Raub-
begierde Zaum und Gebiss an. So ward gemeinschaftlicher
Schutz beschlossen, und die Gewalt des Einzelnen durch die
Gewalt der ganzen Bundesgenossenschaft entkräftet. Allein
den unnatürlichen Grund einer blos auf Zwang und Furcht
beruhenden Verfassung bezeugt der Umsturz so vieler auf
einander folgender Reiche, denn was vermochte je in Herzen,
wo die Bruderliebe längst erloschen war, der Wunsch uner-
sättlichen Begierden Einhalt zu thun, sobald sich durch irgend
einen günstigen Vorfall die Uebermacht wieder auf ihre Seite
lenkte?

Durch keinen äusserlichen Zwang, nein! auf dem einzig
möglichen Wege, durch Erweckung des Wahrheitssinnes im

Menschen, durch sanfte Ueberredung und liebreich dargebotene Mittel zur Glückseligkeit, sorgte die Vorsehung für die Dauer und das Wohl der Staaten. Bald hie, bald dort standen Weise und Menschenfreunde auf, nahmen sich ihrer verwilderten Mitbürger an, riefen sie zur ersten kindlichen Liebe zurück, weckten ihr Gewissen zur Anerkennung natürlicher Rechte und wo diese nicht hinreichend war, sie sanft und duldsam zu machen, da führten sie die Gemüther durch wohlthätige, jedoch in ihren Folgen oft auch schädliche Täuschung gefangen, erfüllten sie mit hoher Ahndung der Unsterblichkeit, und schreckten sie zugleich mit Wundern und übernatürlichen Kräften der nahe geglaubten und menschenähnlich gefürchteten Götter. Solche Erzieher, Gesetzgeber und Lehrer schenkten fast jedem Volke einen gewissen Grad von Kultur und des sittlichen Gefühles.

Still, verborgen und langsam ist der Gang der Natur, aber unverwandt gerichtet auf mögliche, erreichbare Vollkommenheit. Wirksam ohne Aufhören entwickeln sich in ihr stets unerwartete Kräfte, womit sie den Störungen ihres Planes entgegenarbeitet, Schwierigkeiten überwindet, die vergänglichen Gestalten schmückt und vollendet, und dann aus ihrer Auflösung neue Bildungen hervorruft. Heilige Natur! du dünkst mich das Muster, nach welchem jene Weise arbeiten sollten, das Muster, nach welchem sie in jeder Epoche der Menschengeschichte wirklich gearbeitet haben, das Muster endlich, nach welchem der Maurer noch jetzt bei seinem geheimnissvollen Bau verfährt. Sein Zweck, kein blosses Ideal, wird jeden Augenblick durch stilles, unvermerktes, langsames Wirken erreicht, und so verschieden als die Bedürfnisse der Zeiten, ist die Aeusserung seiner Wirksamkeit. Heute Erhaltung und Pflege eines Keims; morgen Ausbildung, Trieb der Blüthen und Früchte; am dritten Tage Ausrottung des Stammes, der nach vollbrachtem Endzweck seines Daseins

als eine todte Last die Erde drückt, den Garten der Menschheit entstellt, und dann Belebung eines neuen Samenkorns
aus dem Schutt der Verwesung!

O gewiss, meine Brüder! das freiwillige geheime Bündniss ist gross, ist wichtig, ist heilig, welches Menschen zu
dieser hohen Absicht vereint. Nicht ohne Grund haben die
erleuchtetsten Männer unserer Zeit *) behauptet, unser Orden
sei so alt als das Menschengeschlecht. Der Schutzherr der
Natur und der unsrige legte in ihn den gemeinen Zauber,
kraft dessen es auf Erden an Wahrheit, Weisheit und Tugend, soweit diese der menschlichen Organisation erreichbar
sind, nie fehlen kann, nie fehlen wird. Es flammte in seinem
Osten immer das reinste Licht — so rein die Erde nur in jedem
Zeitpunkt es ertragen konnte; der Orden war immer das
Aggregat der zweckmässigsten, den Schicksalen der Menschheit angemessensten Weisen. Zuverlässig war sein Einfluss
auf die Glückseligkeit seiner Mitglieder selbst. Er vervoll-
kommte ihr Empfindungsvermögen, erleuchtete ihren Verstand, bildete ihren sittlichen Charakter, schenkte ihnen Glück
und innere Zufriedenheit im Leben, und in ihnen dem Staat
und dem Menschengeschlechte eine Anzahl lebendiger, brauch-
barer, heilsamer Kräfte. Durch sie strömten eben diese Wohlthaten über das ganze Erdenrund; das Beispiel ihrer Tugend,
ihrer Menschenliebe, ihrer innern Ruhe reizte überall die
Menschen zur Nacheiferung, und ihre Aufforderungen, ihre
Lehren, wenn es die Zeitläufte heischten, drangen mit be-
wunderungswürdiger Kraft und Geschwindigkeit durch die
Gemüther und zündeten das Feuer des Enthusiasmus an, dessen einziger Fehler ist, dass es sich nicht so leicht wieder
dämpfen lässt. In den Umstaltungen des Ordens, seiner Lehr-
art, seiner Wirkungsmethode und seiner scheinbaren Gestalt

---

*) Lessing in seinem „Ernst und Falk“; der Verfasser der Apologie.

7 *

kann vielleicht ein geübtes Auge das Dasein jener Kraft er-
blicken, welche der Gährung und Fäulniss widersteht, oder
von welcher sie zuweilen auch ausgeht; der Kraft, welche
Körper erhält und bindet, und zugleich auflöset, zerstört und
neue schafft. Ihr seid das Salz der Erde! sprach zu seiner
Zeit mit voller Wahrheit ein Weiser zu seinen Lehrlingen;
ihr seid das Salz der Erde, riefen Tiefschauende schon mehr-
mals den im Orden verbrüderten Maurern zu. Mit dem pro-
phetischen Geiste, der ein Kind des hellen Verstandes ist,
erzeugt in der reichsten Einbildungskraft, lehrten eben jene
erhabenen Meister, dass auch das Salz geschmacklos werden,
weggeworfen und zertreten werden kann. Allein erst müssen
Menschen von verderbter Seele den Orden entehren, erst
müssen Brüder, ganz unwürdig dieses Namens, ihre theueren
Gelübde vergessen, und die profane Welt muss tugendhafter,
unschuldiger, heiliger werden als wir, eh' und bevor die Maurerei von ihrer grossen Bestimmung zu einem leeren, müssi-
gen Spielwerke, oder zum Zufluchtsorte der verschlagensten
Laster, oder vollends zum verabscheuungswürdigen Werk-
zeuge einer im Finstern schleichenden Politik, einer unersätt-
lichen Ehrfurcht und Geldgier hinabsinkt, und nicht blos Spott
und Verachtung ihrer Feinde, sondern auch gerechte Strafe
des zürnenden Himmels verdient.

Hinunter in den Abgrund mit einer so gehässigen Aussicht; denn heute erfüllen nur freudige, lichtvolle Bilder des
Maurers treue, dem Orden, der Menschheit und Natur ge-
weihte Brust. Voll edlen Stolzes, nicht auf das kleine Maass
von eigenen Kräften, nein, auf die Macht der Liebe, auf ihren
Schutz und ihre Leitung, die auch ausserhalb dieser verschlos-
senen Thore, selbst in der Einsamkeit den echten Bruder zu
bilden und zu erhalten weiss, wirft er getrost den freien Blick
umher und unbewölkte Hoffnung, holder Friede und men-
schenfreundliche Weisheit leuchten ihm vom Aufgang entge-

gen. Wenn Kampf für die Wahrheit, vertraute Kenntniss der
Natur, und Anwendung dieser Kenntniss auf die Glückseligkeit des Menschenlebens, inniges Gefühl des Reinen und Guten, Eifer und Treue in den Angelegenheiten des Ordens und
des Staats, Nachsicht mit den Schwächen des menschlichen
Herzens und den Verirrungen seines Verstandes, wahre
Mildthätigkeit, Grossmuth und geprüfte Bruderliebe, — wenn
dieses Tugenden des echten Maurers sind, so findet der Lehrling hier das Vorbild, in dessen Nachfolge er nie der innern
Ruhe verfehlen wird. So lange dieses Muster uns vorleuchtet,
können wir nie die Grundgesetze des Ordens verletzen, nie
den grossen Pflichten ungetreu werden, denen die Wahrheit
ihr Siegel aufgedruckt hat. Wir wissen zwar, dass theils
herrschsüchtige Politiker, theils Männer von erhitzter Einbildungskraft, theils auch betrogene oder betrügliche Irrlehrer
alles was sie selbst entwarfen, oder erträumten, oder von
unbeglaubigten Führern entlehnten, den Zweck der Maurerei
zu nennen pflegen. Allein uns reizt es nicht, wie ehedem
Ixion ein leeres Wolkenbild statt einer Göttin zu umfassen,
oder auf dädalischem Fittig emporzuflattern, wie Ikarus, um
auch im Herabstürzen ihm ähnlich zu sein. Dieser Tempel ist
kein Werkzeug listiger Meutereien, kein Wirkungskreis eitler
Hirngespinste, keine Hülle des geistlichen Stolzes. Alle seine
Mauern, alle seine Thore, alle seine Lichter erinnern uns
unaufhörlich an die Weisheit der Natur, die einzig und allein
durch unsre Sinne mit uns spricht, die uns zu frohem Genusse
des Lebens, zur höheren Wonne tugendhafter Seelenbünd-
nisse aufruft. Mögen sich immer rechts und links die Irrwege
abwärts ziehen, mögen doch die verderblichen Schlünde sich
öffnen und dem kühnen Felsensteiger drohen, wir fühlen Kraft
und Standhaftigkeit in der guten Sache, wir kennen unsern
Felsenpfad, dass er zum Licht der Wahrheit führt. Ist Gefahr vorhanden, o so fehlt es nicht an Muth sie zu bestehen;

soll dieses Feuer des Geistes einer weisen Richtung bedürfen, damit wir den schönsten Sieg erringen, so blicken wir voll Zuversicht hinauf zur geprüfteren Tugend unseres Oberhaupts. So sei uns denn diese festliche Stunde gegrüsst, und tief ins Gedächtniss geprägt, die uns aufs neue zur Thätigkeit, zum schönsten Wettlauf, und zur Erfüllung unseres Gelübdes weckt. Dem gemeinschaftlichen Interesse der Menschheit und der Maurerei sei dann hinfort das Herz, Kopf und alles Wirken beider geweiht. Unsere Wissenschaft sei Wahrheit, unsere Kunst getreue Nachfolge der Natur, und gemeinnützige, lautere Liebe sei unser Element.

VI.

Rede gehalten in der St. Josephsloge aus Anlass eines Besuchs des Prov. Grossmeisters.

Hochwürdiger Prov. Grossmeister!
Hochansehnliche uns besuchende Brüder!

Unsere gesammte St. Josephs-Loge ist von dem Glück und der Ehre Ihrer hochschätzbaren Gegenwart ganz und gar durchdrungen, und hat mir aufgetragen, Ihre Gefühle des feurigsten Dankes durch wenige Worte an Tag zu legen.

Möchten Sie doch mit dem an die Brüder meiner Loge gerichteten Vortrag zufrieden sein. Ich unterstehe mich nicht die Verbindlichkeiten, die der Orden fordert, so vielen vortrefflichen Männern zu lehren; sondern ich wage es nur, diese Bilder in Ihren Seelen zu erneuern, sie in einem lebhafteren Lichte vorzustellen, und Ihnen mit warmer Theilnehmung die grosse vielumfassende Tugend — ein rechtschaffener Maurer zu sein, nach dem Masse meiner Kräfte zu schildern.

Und wenn ich Ihnen dann, meine Hochwürdigen Brüder, diese Tugend in ihrem majestätischen Glanze, als die einzige Quelle eines glücklichen Lebens, das einzige Mittel wahrer Zufriedenheit, den einzigen Trost in jedem Unglücke, und als die einzige fröhliche Begleiterin bis ans Grab werde gezeigt, wenn ich Sie dazu erwecket habe; o dann müsse Ihr Herz nicht von Uebermasse des Gefühls schweigen, sondern diese göttliche Tugend müsse in Thaten ausbrechen, die Ihnen selbst Beruhigung verschaffen, und Ihre Namen den Jahrbüchern des Ordens unter der Rubrik wirklich grosser Mitglieder einverleiben. Das wird mir die reinste Freude sein, wenn ich Sie als Menschenfreunde erblicke, die jeden Kummer aus der Seele des Dürftigen verjagen, und für Ihre Grossmuth und Mildthätigkeit die Segenswünsche der geretteten Armuth einernten.

O dass ich durch meinen schwachen Vortrag einen solchen Lohn erlangen, dass ich stets unter Ihnen den Namen eines guten Bruders verdienen, und dass nur einer unter Ihnen einst die Thräne der Dankbarkeit, die vor meinem letzten Seufzer dem sterbenden Auge entfallen wird, mit brüderlicher Hand trocknen, und mit dem sichern Beifall, den nur Maurer geben können, in den Wohnungen des Friedens und der Ruhe beglücken möchte!

H. G. M !

Mit Ihrer Genehmigung will ich denen hochwürdigen besuchenden Brüdern, sowohl in Ihrem als der St. Josephsloge Namen den lebhaftesten Dank erstatten, dass Sie uns Ihre schätzbare Gegenwart geschenkt, und unser Fest zu verherrlichen sich haben bereitfinden lassen.

Ihnen, Hochwürdiger Provinzial-Grossmeister von Oesterreich, bleibt unser unverbrüchlicher Gehorsam für alle den hiesigen Logen erwiesene unnennbare Güte vorzüglich gewidmet. Und Ihnen, hochwürdiger Provinzial-Grossmeister von Hungarn, gestehen wir die vollkommenste Verehrung zu, die wir Ihrem vortrefflichen Herzen und den vom Monarchen erkannten und geschätzten Verdiensten schuldig sind.

Allen vorsitzenden Meistern unsrer geliebten Schwestern-Logen versichern wir die ohngeheucheltste Bruderliebe und die unveränderlichste Hochschätzung.

Denen Brüdern, welche vielleicht selbsten den schönen Josephsnamen führen, wünschen wir noch recht oft die Begehung eines so festlichen Tages, und die brüderliche Erinnerung an den heutigen, welcher sie zu allen Tugenden aufmuntern, und eine Zufriedenheit in ihre Herzen legen wird, die weder eine irdische Macht geben, noch eine weltliche Hoheit rauben kann. Alle Brüder, zu welcher Loge sie sich auch bekennen, waren uns heute willkommen, und werden uns mit jedem Tage schätzbarer werden, wenn sie uns fernerhin ihr brüderliches Angedenken schenken, und den auswärtigen Ländern verkündigen werden, dass sie auch hier gute Brüder gefunden haben, die an Rechtschaffenheit und Eifer sich nicht gerne übertreffen lassen, wenn sie auch an Kenntnisen zurückstehen mussten.

Der frohe Beifall aller Anwesenden sei den musikalischen Brüdern belohnender Dank für die übernommene Mühe, für die gute Ausführung und für die unserer Loge geleisteten Dienste.

Es blühe, wachse und gedeihe unsere königliche Kunst in hiesigen Staaten, und leben alle unsere werthgeschätzten Schwestern-Logen durch 3 Mal 3.

VII.

Rede gehalten bei Einweihung der Loge zum heil. Joseph am 6. October 1848.

Von Dr. Ludwig Lewis.

Hochwürdiger Provinzial - Grossmeister!
Sämmtliche hochansehnliche unsere St. Josephs-
loge besuchende Brüder!

Der Dank, den ich Ihnen für Ihre geschenkte Gegenwart
und für den unschätzbaren Antheil an unserer gesetzmässigen
Arbeit abzustatten habe, stirbt vor inniger Herzensfreude auf
meiner stammelnden Zunge, und wird so schwach in seinem
Ausdrucke, als die Empfindungen derer immer zu sein pflegen, die ihren Unwerth einsehen und den Abstand erkennen,
worinnen sie gegen einander stehen! Doch der reizende
Brudername, womit ich Sie begrüssen darf, setzt mich über
alle Bedenklichkeiten hinaus, die meiner Furchtsamkeit begegnen, und erlaubt mir, Ihnen insgesammt zu sagen, dass
unser Vergnügen unbegrenzt sei, dass der heutige Tag eine
besondere Epoche in unserem Jahresbuche bezeichnet, dass
er uns zu Thätigkeit in Erfüllung aller maurerischen Pflichten
ermuntert, und durch Ihre Beispiele geleitet zu strengen
Beobachtern uns'rer selbst, zu rechtschaffenen Brüdern und
nützlichen Gliedern der Gesellschaft machen wird. Wir kennen zu gut, was wir Ihnen insgesammt heute am Tage der
Wiedergeburt der Loge zum heiligen Joseph schuldig sind,
und werden es nie vergessen. — Uebersehen Sie mit der Ihnen

eigenen Herzensgüte die Schwäche meines Vortrages, wenngleich dem Sprecher die Gaben eines glänzenden Redners mangeln.

Meine Brüder! der heutige Tag, der uns so viele Freude geschafft, der uns so viele schöne Aussichten in die Zukunft verspricht, kann unmöglich von mir mit kaltem Blute dem Strome der Vergangenheit übergeben werden, ohne Sie an zwei Hauptpflichten zu erinnern, die uns besonders obliegen, und die ich Ihnen nicht genug anempfehlen kann, Pflichten, in deren Ausübung so viel Angenehmes ist, und deren genaueste Erfüllung uns schon um deswillen am Herzen liegen muss, weil unsere Ruhe, unsere Zufriedenheit lediglich davon abhängt; es sind nämlich die Pflichten gegen Gott und gegen uns selbst.

Wem haben wir uns're Freude, unser heutiges Glück, die Stiftung dieser Loge, die Liebe und den Frieden, der uns're Herzen vereinigt und uns alle zur Einigkeit antreibt, zur Bruderliebe ermuntert, zum Wohlthun anfeuert, anders zu verdanken als dem unendlichen Baumeister Himmels und der Erde?

Sollten wir frech genug sein, alles dieses einem blossen Ohngefähr zuzuschreiben, so wären wir der Wohlthaten unwerth, die wir mit segnenden Händen von seiner Güte empfangen haben. Ich hoffe nicht, dass ein einziger unter uns seinen Einfluss auf uns verkennen, oder undankbar gegen seine Gnade sein werde. Und sollte er dieses, so verdient er nicht den Namen eines Bruders, er ist ein Ephraimite, der sich wider unseren Willen in den hohen Orden der Freimaurerei eingeschlichen, der durch List und Meineid unsere Geheimnisse an sich gerissen hat, der sich selbst entehrt, und unserem Bruderbunde Schande macht. Aber gelobt sei der grosse

Baumeister, hoffentlich wird sich keiner unter uns befinden, dem der Glaube an Gott und Unsterblichkeit der Seele ein leerer Schall ist. — Sind wir zwar noch ein kleines Häuflein, so sind wir doch tief von der Güte seiner Allmacht durchdrungen, wir fühlen, dass er, der grosse Baumeister aller Welten in uns leben muss, wenn wir das Werk, welches wir angefangen haben, vollbringen wollen. — Ja, Dir allein, unendlicher Baumeister aller Welten! Dir gebührt alles Lob und aller Dank! O! wache ferner über uns. Verbreite deinen mächtigen Schutz über unsere und alle Schwester-Logen. — Lasse das Licht und die Wahrheit in dem allervollkommensten Grade auf uns kommen, und gib, dass wir beides so rein und unverfälscht, als wir es empfangen haben, auf späte Nachwelt fortpflanzen, und weder von Eigennutz noch von Ungeduld angetrieben, den Weg verlassen, der uns nach überstiegenen Hindernissen zur Klarheit und Vollkommenheit bringen kann. Nimm in Deinen gewaltigen Schutz den hocherleuchteten Landes-Grossmeister und die sämmtlichen regierenden und mitarbeitenden Glieder der grossen deutschen Landesloge zu Berlin, — bekröne ihre dem Ganzen gewidmeten Arbeiten mit dem besten Erfolg; schenke ihnen Einigkeit, Muth und alle die nothwendigen Gaben, die sie zur Ausübung ihrer Pflichten und zur Erreichung ihrer grossen Absichten bedürfen, damit sie ihre Macht, Gewalt und Ansehen zweckmässig anwenden, und niemals das ihnen anvertraute Recht, zu belohnen und zu bestrafen, missbrauchen.

Verleihe allen denen ihr unterworfenen Logen aufrichtige, gehorsame und dankbare Gesinnungen gegen dieselbe, und gib, dass sie nach ihren Kräften dasjenige willig beitragen, was die Gesetze von ihnen fordern, mit gebührender Ehrfurcht die Befehle annehmen, und wenn sie zum Wohle des Ganzen, zur Erreichung wichtiger Endzwecke abzielen, ohne Widerspenstigkeit befolgen und ausüben.

Lasse den, der befiehlt, und den, der gehorcht, stets eingedenk sein, dass wir alle Brüder sind, — und dass Einigkeit,
Liebe, Sanftmuth und Gefälligkeit uns vereinigen, und für in-
nerlicher und äusserlicher Zerstörung schützen müssen.

Besonders Sie, meine Brüder! denen das Ruder dieser
Loge heute übergeben worden, möge der grosse Baumeister
mit Wahrheit, Vorsicht, Leutseligkeit und wahrhaften brüderlichen Gesinnungen ausrüsten, Er mache Sie zur Erfüllung
einer jeden Pflicht geschickt, wirksam und thätig; Er, der
Baumeister aller Welten flösse Ihnen insgesammt friedfertige,
wohlthätige, liebreiche Gesinnungen ein, Er gebe Ihnen Muth
und Kraft zu allen Unternehmungen, Er mache Sie zu Ver-
theidigern der Wahrheit, der Tugend, der Gottseligkeit und
aller maurerischen Pflichten, und setze Sie niemals in die
traurige Nothwendigkeit, Ihr Strafamt an Unwürdigen auszu-
üben; — uns allen aber, meine Brüder, legt der heutige Tag
eine neue Pflicht auf, nämlich das unermüdete Bestreben Gutes zu üben und durch Zärtlichkeit, Aufrichtigkeit und wahre
Eintracht das Gebäude der Tugend weiter auszuführen, welches wir heute angefangen haben. Keiner unter uns entweihe
durch irgend eine sträfliche Handlung unsere Loge, oder gebe
durch Unvorsichtigkeit und Leichtsinn Anlass zur Aergerniss.
Keiner mache sich durch die Verletzung der geringfügigsten
Pflicht unserer Liebe und Freundschaft unwürdig, und wer
sich unter uns eines Fehltrittes, einer Schwachheit bewusst
ist, der lege ihn von heute an stillschweigend ab und gelobe
mit mir einen ewigen Krieg gegen das Laster, einen ernstli-
chen Vorsatz zur Freundschaft und Tugend.

Dann können wir mit frohem Herzen in die Zukunft
blicken und uns nichts als Gutes versprechen, dann werden
wir weiser und tugendhafter werden, wenn wir uns nur einmal den Entschluss fassen, es zu sein. Dann werden wir uns
der Vollkommenheit nähern, und die Früchte uns'res Fleisses

in denjenigen Auen des Friedens einärnten, wo Gutes und
Böses, Recht und Unrecht, Vorsatz und Schwachheit in den
Waagschalen gewogen, beurtheilt und entweder gebilligt,
belohnt, oder verworfen und bestraft werden wird.

Und wie wollen wir Ihnen, hochwürdigster Provinzial-
Grossmeister dort, danken, der Sie uns heute auf diesen sicheren
Weg führen, der uns einst so viel Vortheilhaftes hoffen lässt.
Zeitlicher Dank ist zu wenig für ein Gut, das sich über das
Grab erstrecket. — Ewiger Dank gebührt Ihnen; den wollen
wir Ihnen einst dort, wenn wir in die ewige Loge eingehen,
wo unsere Stimmen viel reiner, die Zungen beredter, das Gefühl lebhafter und unsere Empfindungen reiner sind, aus-
drücken, was jetzt doch nur unvollkommen sein kann. —
Lassen Sie unsere Loge Ihrem wohlwollenden Herzen fernerhin empfohlen sein.

Ein gleiches will ich mir von Ihnen, uns besuchende
Brüder erbitten.   Wir danken für den genommenen Antheil
an unserer heutigen Freude und für Ihre schätzbare Gegenwart. Wir wünschen Ihnen von ganzem Herzen alles das
Gute in Ihren Logen zu erleben, was wir uns heute vom Himmel selbst erfleht haben.

VIII.

Rede des Dr. Lewis, gehalten in der Loge zu St. Joseph.

Warum nennen wir uns freie Maurer?

Ernst und wundersam gestaltet ist die Zeit, welche wir
jüngst durchlebt haben und zum Theile noch durchleben und
durchleben werden, meine Brüder! — Soll sie mit ihren Erscheinungen dem Maurer fremd bleiben? Soll er ganz ent-

fernt sich halten? O nein, denn er ist zugleich auch Mensch, und die Maurerei selbst erstrebt ja nur eine höhere Stufe der nach Veredlung ringenden Menschheit.

Zwar ist aus den Hallen der Weisheit, in denen wir uns zu sammeln pflegen, die Unterhaltung über das gewöhnliche Treiben in der profanen Welt mit Recht verbannt, denn unser Bund steht höher. Er umfasst die geistigen und sittlichen Kräfte uns'rer Brüder in allen Ländern und Zonen; die Menschheit gilt uns als Vaterlands-Genossen.

Allein gerade aus diesem Vermögen des menschlichen Geistes und Gemüthes, den inneren Tiefen der intellektuellen und ethischen Kräfte entwickeln sich Keim, Blüthe und Frucht der äusseren Erscheinungen, wie sie die jüngste Zeit bot und noch bietet.

Die Kriegsfackel entzündet die Welt, Fanatismus und Freiheitsgeschrei treiben ihr blutiges Spiel, ja diese Freiheit zeigt sich in unsern Tagen geschäftiger als je, die Schwachen zu bethören, und zwar so zu bethören und zu umstricken, dass sie dadurch der unbedingten Freiheit des Urtheils, der vernünftigen und sittlichen Wollenskraft beraubt werden.

Von diesem verderblichen Einflusse des Fanatismus auf Urtheilskraft und sittliches Wollen schützt die Söhne unseres Bundes der Name, den sie tragen, der Geist, welcher uns're Hallen erbaut hat, sie fortwährend erleuchtet und veredelt.

Wir sind freie Maurer! Der Deutung dieses Namens und des Gefühles, das er in uns weckt, sei meine fragmentarische Zeichnung geweiht; eine Skizze, deren weitere Ausführung den geliebten Brüdern überlassen bleibt.

Dass ich hier nicht in eine geschichtliche Erörterung des Namens „frei" in Beziehung auf die Freiheiten und Privilegien, welche die alten Bauleute einst von den Fürsten erhielten, einzugehen beabsichtige, oder Benennung: „freie und angenommene Maurer" die in England schon zur Zeit des berühmten Baumeisters ** solche höher gebildete Männer erhielten, welche in die alte Corporation aufgenommen wurden, ohne praktische Maurer zu sein oder zu werden, bedarf hier kaum der Andeutung.

Die Freiheit des symbolischen Maurers, unsere Freiheit ist höhern Ursprungs. Wir nennen uns frei, weil wir nach vollkommener Unabhängigkeit von Unwissenheit und Vorurtheilen, Leidenschaften und Lastern streben, und sie durch die Kraft uns'rer veredelnden und beglückenden Institutionen erringen. Hierüber nämlich zur Charakteristik unserer Bezeichnung „freie Maurer" noch Weniges.

Nur der veredelte Mensch ist wahrhaft frei, nur in der sittlichen Welt herrscht wirkliche Freiheit, aber auch nur der Zögling und Genosse der bürgerlichen Freiheit ist am fähigsten sich wahrhaft zu veredeln. Wie Geist und Körper, so stehen innere und äussere Freiheit im engsten Zusammenhange. Unter dem eisernen Joch der Tyrannei, umgeben von lauerndem Verrath, zitternd vor dem Henkerbeil, frevelhafter Willkür, gedeiht wahrlich nicht die zarte Blüthe echter Humanität; der Mensch wird zum Lastthiere herabgewürdigt, gebraucht als Maschine, das willenlose Werkzeug eines grösseren Mechanismus.

In dem Asyl gesetzlicher Freiheit hingegen, die in jedem Lande, unter jeder Regierungsform bestehen kann, blüht und reift die Himmelsfrucht der Volksveredlung zur allgemeinen Beglückung. Dieses Asyl aber finden wir, meine geliebten Brüder! vor anderen in unseren Logen.

Wir sollen frei sein! Dies ist der erhabene Vorzug des Menschen. Wir sollen frei sein, denn nicht die mechanisch hervorgebrachte That, sondern die freie Bestimmung des Willens, allein um des Pflichtgebotes und schlechterdings um keines andern Grundes willen — so sagt uns die Stimme des Gewissens — dieses allein macht unsern Menschenwerth aus.

Das Band, mit welchem das Gesetz der sittlichen Freiheit uns bindet, ist ein Band für lebendige, nach dem Höchsten strebende Geister, es verschmäht über den todten Mechanismus zu herrschen, und wendet sich an das Lebendige, Selbstthätige. Nur von ihm verlangt es Gehorsam der Pflicht, und dieser Gehorsam kann nicht überflüssig sein. Hiermit nun geht die ewige Welt klarer vor uns auf, und das Grundgesetz ihrer Ordnung: sittliche Freiheit des Menschen steht mit Flammenzügen vor den Augen uns'res Geistes. Dieses, meine theure Brüder! ist unsere wahre Bestimmung, und ist sie etwas anders als die Grundlage uns'rer Logenthätigkeit? — Im höchsten, reinsten Sinne des Wortes ist vor Allen der Maurer frei; alle uns're Symbole, der Geist unseres Rituals, unsere heiligen Gebräuche nehmen sämmtlich diese Richtung und deuten darauf hin.

Beschränkt durch die finstere Kammer irdischer profaner Verhältnisse, lichtlos durch die Binde der Vorurtheile, der Unwissenheit und des Irrthums, strebt der Wanderer nach Licht und Freiheit; die Stimme des Gesetzes, welche er an der Pforte des Tempels sittlicher Freiheit vernimmt, lehrt ihn den Weg dazu kennen. Er betritt ihn an der Hand der Freundschaft, und nachdem er angekämpft hat, gegen die Stürme der Selbstsucht und der Leidenschaften, nachdem er gehuldigt hat dem Gesetze der Vernunft, da — fällt die Binde, seine Führer lassen ihn ledig, die Nacht verschwindet, er ist frei und schaut das volle Licht.

Diese Freiheit nun, welche auf Weisheit, Harmonie der Vernunft und Gewissens, mit einem Worte auf sittliche Kraft gründet und das schöne Eigenthum des Maurers ist, lassen Sie uns bewahren, meine innig geliebten Brüder! im reinen, liebevollen, warm und begeistert für die Menschheit schlagenden Herzen. Sie, diese Freiheit soll sich in unseren Handlungen aussprechen durch rege innige Theilnahme an dem Wohl und

Wehe unserer Brüder, sie soll sich bewähren in jedem Kampfe; in dem Kampfe mit der Rohheit wie mit der Geistes-Tyrannei, vor allen aber in dem Kampfe gegen Fanatismus, für Vernunft und besonnenes Fortschreiten auf gesetzlicher Bahn. Zwar haben alle Maurer im höheren Sinne nur Ein Vaterland, die Welt, nur Ein Band, das sie für Ewigkeiten bindet, das Band der Liebe. Allein der Maurer ist auch Mensch, er kennt und ehrt die süssen Fesseln, welche uns an unsere Heimat, unsere Familien, selbst an unsere Stamm- und Sprachgenossen knüpfen. Daher ist die Liebe zur Heimat und treues Festhalten an Gesetz und Sitte des Vaterlandes auch seine heilige Pflicht, und beides einigt sich so schön in dem Freiheitsgefühle des Maurers. — Allein nochmals muss ich hier unter Brüdern, sittlich freien Maurern laut und feierlich aussprechen: nur aus der innern Freiheit des Menschen, dem Pflichtgebote und seiner gewissenhaften Erfüllung kann und soll die äussere, nur aus der sittlichen kann und darf die bürgerliche hervorgehen, wenn sie dauernde und segensreiche Früchte für Volksveredlung und Beglückung bringen soll. Nur an ihr findet deshalb auch der freie Maurer den echten und einzigen Maassstab seiner Handlungsweise; ihr folgt er fest und unerschüttert, und wenn selbst sein Leben der Preis und das Opfer seiner Gesinnungen und seines Strebens sein sollte, wie dieses einst Socrates als leuchtender Stern im Gebiete der sittlichen Freiheit bewies, und ihr, unerschüttert durch das Flehen seiner Jünger, treu blieb bis zum Giftbecher. Erhaben, mit echt dichterischer Begeisterung schildert dieses Streben, diese Kraft einer der Unsterblichen unseres Bundes, und wahrer, treffender kann ich diesen kurzen Vortrag über das Freiheitsgefühl des Maurers nicht schliessen als mit seinen Worten:

8

Er sagt:

Was leitet unsern Geist, wenn seines Pfades Krümme
Sich drängend hin durch Labyrinthe flicht?
Es ist der innern Freiheit Himmelsstimme,
Die aus der Geisterwelt zu ihm herüber spricht.

    Mag das wilde Schicksal walten!
    Die erhabne Seele ruht
    Unter drängenden Gewalten
    Fest auf ihrer Tugend Muth.

Ringt sich auf vom Druck der Wolke,
Den ihr Flügelschlag besiegt,
Wenn auf dem betäubten Volke
Zürnend das Gewitter liegt.

    Wer, in solcher Hoheit thronend,
    Kühn es wagt, auf sich zu stehen
    Und im eignen Himmel wohnend
    Fremde Hilfe zu verschmähen,
    Den umfesseln Zaubergaben
    Eines reichen Zufalls nicht;
    O, der Freie trägt erhaben
    In der Brust das Weltgericht.

Lassen Sie auch, Verehrteste, mit dem erhabensten Menschenfreunde, der sich nicht grundlos das Licht der Welt nannte, Ihnen am Schlusse zurufen: Ihr seid nur dann frei, wenn Ihr euch wirklich frei macht. Amen.

IX.

Rede des Dr. Lewis.

Es hat zu allen Zeiten in der Seele des Menschen eine Anschauung des Vollkommenen gelegen; wird das Vollkommene als Urgrund alles Daseins und Denkens im Weltall, ohne

die Schranken von Zeit und Raum, als selbstdenkend und
wollend erkannt: so entsteht die Richtung des menschlichen
Geistes auf das Göttliche, der Glaube an Gott und das Ver-
hältniss zu ihm, die Religion; wird das Vollkommene aber
in der Menschengesellschaft als höchste Ausbildung menschlicher Eigenthümlichkeit innerhalb der Schranken des irdischen
Lebens angenommen, so entsteht das Ideal, auf welches die
Freimaurerei hinarbeitet. Beide höchste Ideen stehen im Men-
schendasein neben einander und unterstützen die Belebungs-
kraft; in der Religion ist die Anbetung des absolut Vollkommenen und das Vertrauen zu seiner schrankenlosen Macht,
Weisheit und Liebe, die alle drei in ihm Eins sind. Die Be-
lebungskraft in der Maurerei ist der begeisterte Muth der mit
ihrer Bedeutung Vertrauten, die Menschheit eines sicheren
Schrittes allmälig einer irdischen Vollkommenheit näher zu
führen, soweit dieselbe diesseits des Grabes erreichbar, d. i.
irdisch und menschlich denkbar ist.

Wen diese Gedanken durchdringen, dem kann die
Würde der Freimaurerei nicht entgehen, dem wird die Begeisterung für das höchste Ziel hienieden auch immer den neuen
Muth schaffen, welcher der stumpfen Welt gegenüber nothwendig ist. Aber kein hohles Ideal! nichts Romanhaftes! nichts
Uebertriebenes! nichts Unmögliches! sondern stets das Nächste,
das vor den Füssen liegt, ergriffen und vollführt! Nur darf
in dem Gewühle irdischen Treibens und des Tagesverbrauchs
zu jedem Nächsten die höchste Idee von dem Ziele der Maurerei nicht ersterben. Vor allen Dingen muss auch ausser den
schon bezeichneten Fehlurtheilen die Meinung ganz entfernt
bleiben: es sei die Freimaurerei ein Institut, historischem Ungefähr entsprungen und in einem Ungefähr historischer Ent-
faltung so und so zurecht gerückt oder zurecht gestutzt und
müsse nur nach ihrer historischen Schale den Kern auf ewig
modeln! Sie lag vielmehr vom Anbeginn im tiefsten Grunde

der dem Guten, Wahren und Schönen huldigenden Seele des
Menschen vorgebildet bereit, und musste zu allen Zeiten unter
Denkern und begeisterten Menschenfreunden mit Kraft hervortreten bald hier, bald dort, bald unter dieser, bald unter
jener Form. Die Form aber tödtet, der Geist aber macht lebendig, — darum ist es nothwendig, dass wir den Geist, der in
der Maurerei liegt, begreifen, dass wir immer mehr und mehr
darnach streben, uns diesen Geist anzueignen — und ins
Leben übergehen lassen, dann sind wir rechte Maurer, darum,
meine Brüder lasst uns darnach streben, den Geist der Humanität welcher der Geist der Maurerei ist zu begreifen, möge
sie uns Trost und Beruhigung im Leiden geben, damit unser
dunkler Pfad von dem Lichte der Maurerei beleuchtet werde.
Ja sie muss unser Licht im Leben sein, denn sie ist die hoch-
stehende Sonne, die auf das kalte Erdenleben ihre Strahlen
wirft und alles durchdringt. Dort weint ein Unschuldiger,
denn gerade seine Tugend stürzte ihn ins Verderben; dort
hohnlächelt die Schuld und erhebt stolz das Haupt, die Thorheit siegt, während die Weisheit verstummt; die Bosheit
keimt auf gleich dem Unkraut auf dem Felde; die schönsten
und gerechtesten Hoffnungen gehen unter und die Pläne der
Heuchler und Gottlosen werden ohne Hindernisse ausgeführt,
bange Sorgen füllen unser Herz, was wird aus den Unsrigen
werden, wenn sie in Noth und Elend kommen, wenn wir nicht
um sie sein können, wenn wir ihnen entrissen werden, lauter
schwere Räthsel, worüber die Vernunft wohl vernünfteln und
grübeln kann, aber können uns ihre Grübeleien nützen, ist
sie fähig uns diesen Trost zu geben, den die Maurerei uns zu-
ruft: der Baumeister lebt, er ist das Licht der Welt, er wird
dich nicht verlassen noch versäumen, — doch, meine Brüder!
dieses Licht der Welt muss auch in unseren Herzen aufgehen,
dieses Licht muss angezündet werden durch die Humanität,
jenes so oft missverstandene, noch öfter missbrauchte Wort

— in seiner höchsten reinsten Bedeutung, ist der Kranz, nach welchem der freie Maurer in heiliger Kette mit seinen Brüdern und mit jeder Kraft seines Geistes und Gemüthes ringt. Nicht vergebens schmückt die Glieder unseres erhabenen Bundes der Name „Freie Maurer!" er ist kein leerer Schall, denn auch wir arbeiten unter dem Panier der Freiheit, sie ist eine der Huldgöttinnen unserer verschwiegenen Hallen, aber wohl ist sie von dem Phantom, womit die Leidenschaft der Parteien ihre Wallungen bezeichnet, wie das Licht vom Dunkel verschieden. Sittliche Freiheit ist die Sonne unseres Bundes, sie glänzt seit Jahrtausenden der stillen aber erfolgreichen Thätigkeit verborgener Weisen, gewährt unserem Geiste Klarheit der Erkenntniss und ein unbefangenes Urtheil, unserem Herzen Würme und Begeisterung für das Wohl unseres Geschlechts. Sie allein vermag auch die Saaten der Maurerei langsam aber sicher zur Himmelsfrucht echter Menschenveredlung und wahrer Freiheit zu reifen, dahin durch die Gerechten des Bundes zu wirken, dass einst das heilige und heiligende Band wahrer Bruderliebe unter dem segnenden Einflusse sittlicher Freiheit die Völker in Eintracht und Treue umschlinge. Bis solches geschieht, seien unsre Werkstätten ein festes und sicheres Asyl für das über jede Parteiung erhabene Streben Aller.

Dass der gesammten Menschheit das Licht des besseren Zeitalters bald aus Osten anbreche wünschen wir d d. u. h. Z. !

DOCUMENTE.

I.

Rundschreiben der Prov. Loge von Oesterreich.

Sehr ehrwürdiger, geliebter Br.⚹⚹ !

Im Namen und auf Geheiss der hohen Provinzialloge von Oesterreich soll ich Sie ersuchen, dass Sie nun sich entschliessen möchten, ob Sie bei der aus den ehemaligen Logen zur gekrönten Hoffnung, zur Wohlthätigkeit, und zu den drei Feuern zusammengesetzten Loge, zur Neuen gekrönten Hoffnung genannt, wieder als Mitglied eintreten und dabei die Stelle eines arbeitenden Ehrenmitgliedes einnehmen wollen. In der ersteren Eigenschaft sind Sie zu ordentlichen Beiträgen verbunden, und haben bei den Deliberationen eine Stimme; als Ehrenmitglied aber steht es Ihrer Willkür, ob und wann Sie den Arbeiten, Vorlesungen, Bibliotheken und anderen Uebungen beiwohnen wollen, ohne jedoch zu Beiträgen verbunden zu sein, noch bei den Deliberationen zu stimmen. Da die Zahl der arbeitenden Mitglieder auf 180 beschränkt ist, so bitte ich Sie, wenn Sie nicht fleissig besuchen können noch wollen, sich lieber als Ehrenmitglied zu melden, und in diesem Falle mir vor dem 4. Jänner kommenden Jahres die schriftliche Anzeige zu machen. Derjenige, von dem ich dieselbe nicht erhalte, wird ein arbeitendes Mitglied sein zu wollen geachtet werden.

Wollen Sie aber etwa gänzlich diese Loge decken, so erwarte ich um so sicherer die baldigste Anzeige.

In jedem Verhältnisse werde ich nicht aufhören Sie zu lieben und mit den brüderlichsten Empfindungen zu verharren.

Ihr ergebenster Br.*.
ehemaliger Meister vom Stuhl.

Im Orient von Wien den 30. December 5785.

II.

Rundschreiben der Loge zur gekrönten Hoffnung.

Nachricht.

Als vor Kurzem unser huldreicher Monarch die von dem hochw. Br. Born, Meister vom Stuhl der s. ehrw. Schwester-Loge zur wahren Eintracht gemachte Erfindung einer neuen Amalgamationsmethode zur Scheidung der Metalle, auf eine bekanntermassen sehr grossmüthige Art belohnt hat, wurde von der s. ehrw. Loge z u r g e k r ö n t e n H o f f n u n g beschlossen, um sowohl den freudigen Antheil zu bezeigen, den sie an dem Glücke des hochw. Br. Born nimmt, als auch um ihre besondere Liebe und mit so vielem Rechte verdiente Hochachtung für seine Person insonderheit, als überhaupt für seine aus dem Schoosse der s. ehrw. Loge zur gekrönten Hoffnung ausgegangene s. ehrw. Loge an den Tag zu legen, demselben bei diesem Anlass ein besonderes Freudenfest zu geben. Es sind dabei verschiedene von Brüdern unserer sehr ehrw. Loge verfasste und in Musik gesetzte Lieder, und zugleich eine Kantate vorgekommen, die unser Br. Petran verfasst, der berühmte Br. M o z a r t, von der s. ehrw. Loge zur Wohlthätigkeit, in Musik gesetzt, unser Br. A d a m b e r g e r gesun-

gen, und nunmehr unser Br. A r t a r i a, mit dem Titelkupfer
nach der Zeichnung unseres Br. Unterberger und mit einer
Vorrede unsers Br. Epstein in Druck gegeben hat. Da der
Ertrag von dem Verkaufe durch den w. Br. Artaria für das
Beste der Armen gewidmet ist, so geben wir Ihnen davon
Nachricht, damit auch Sie in Ihren Gegenden, wenn es thun-
lich ist, dieser Kantate einen Absatz verschaffen mögen.

Aus der sehr ehrwürdigen Loge zur gekrönten Hoffnung
im Orient von Wien.

Br. N. Secretär.

Zweites Rundschreiben derselben Loge mit Gedichten.

Der Orden der Weisheit und Liebe, der uns, geliebtester
Mitbruder! die gleiche maurerische Entstehung, Erziehung
und Ausbildung, oder doch lange Zeit die nämliche Pflege
gemeinschaftlich verliehen, und hoffentlich auch (so viel es
hienieden möglich ist) einerlei Grundsätze, Gesinnungen und
moralische Begriffe bei uns hervorgebracht hat, und die innige
Liebe, mit der wir sammt und sonders Ihnen zugethan, und
bereitwillig sind, Ihnen alle Dienste zu leisten, die in unsern
Kräften stehen, geben uns die Zuversicht, dass wir Sie, ungeachtet Ihrer Trennung von uns, immerfort als unseren Mitbruder und innigen Freund ansehen und lieben können, und
dass die weite Entfernung, in welcher Sie von uns leben, auch
bei Ihnen nicht im Stande gewesen ist, noch es jemals sein
wird, das Band der brüderlichen Liebe gegen uns und unsere
sehr ehrw. Loge schlaffer zu machen, und dass daher jeder
von uns im Grunde, seines Herzens, mit dem Dichter ausrufen
könne:

Heu mihi! cur animo juncti, secernimur eris,
Unaque mens, tell us non habet una duos?

Um über diese Gesinnungen und diese glücklichen Bande wechselseitig uns zu erfreuen; um sie zu erneuern und zu stärken, senden wir Ihnen beiliegend die Liste der Brüder unserer gemeinschaftlichen Loge. Wie Sie daraus den Zuwachs von Männern ersehen werden, die — wir dürfen es mit Zuversicht sagen, — nur nach der strengsten Prüfung in unsern Kreis aufgenommen worden sind, so wünschten wir Ihnen auch die Annalen unserer sehr ehrw. Loge vorlegen zu können, damit Sie zugleich daraus abnehmen möchten, wie wir dem geheiligten Zwecke unseres Ordens stets getreu, von unermüdeter Thätigkeit und dem heiligsten Eifer beseelt, ihm näher zu kommen, und unsere Pflichten zu erfüllen, uns immerfort bestrebt haben.

Mit einem wonnevollen Gefühle und fast mit einer Art von Bewunderung sehen wir in die Vergangenheit zurück, und bemerken die Züge der Mildthätigkeit, der Grossmuth, und des edlen Wohlwollens, so unsere sehr ehrw. Loge und ihre einzelne Brüder so vielzählig ausgeübt haben. Noch grösser wird unsere Freude durch den Gedanken, dass auch unsere abwesenden Mitglieder, und auch Sie, vielgeliebter Bruder! thätig mit uns wirken, und es gewiss nie unterlassen, wo Sie immer sich befinden mögen, Ihren Kräften gemäss, das Elend der Menschheit zu lindern, die Thränen der Armuth abzutrocknen, und die erhabenen Stufen zu ersteigen, die in den Tempel der ewigen Glückseligkeit führen.

Wir haben uns auch mit unablässigem Eifer bestrebet, Aufklärung — diese liebenswürdige Gefährtin der Toleranz und Menschenliebe, die allein den Weg zur Weisheit und zur Glückseligkeit bahnet, — sowohl im Allgemeinen, als besonders unter uns Freimaurern zu verbreiten. Eine der vorzüglichsten Veranstaltungen hiezu war die Anlegung einer Bibliothek, und eines Lesekabinetes, welche wir gemeinschaftlich mit den sehr ehrwürdigen Schwester-Logen zu den drei

Adlern, zur Beständigkeit, und zum Palmbaum errichtet haben. Wirklich ist es über alle Erwartung, wie sehr das Institut in einem kurzen Zeitraum von nicht mehr als anderthalb Jahren, durch die wetteifernde Grossmuth und Unterstützung der Brüder emporgediehen ist. Eine Anzahl von ungefähr 1900 Bänden meist ausgesuchter Werke (bei deren Wahl ein vorzüglicher Bedacht auf alles dasjenige genommen worden ist, was auf Geschichte und Wissenschaft der Maurerei einen weiteren oder näheren Bezug hat) und die von einigen BB. übernommene unentgeltliche Herbeischaffung einer grossen Menge der besten europäischen Journale und Zeitungen, hat diese Bibliothek zu einer der nützlichsten und angenehmsten Einrichtungen, und zu gleicher Zeit zum Zusammenkunftsort der hiesigen und fremden BB. gemacht. In Kurzem werden wir auch zum Gebrauche der BB. ein systematisches Verzeichniss des vorhandenen Büchervorrathes drucken lassen, wovon wir bedacht sein werden, durch eine schickliche Gelegenheit, Ihnen ebenfalls ein Exemplar zu übersenden; denn wir schmeicheln uns, dass Sie auch selbst in Ihrer Entfernung an diesem so vortheilhaften Institute einen freudigen Antheil nehmen, und demselben Ihre thätige Mitwirkung nicht versagen werden.

Die Anlegung eines maurerischen Archivs, war ebenfalls ein Gegenstand unserer Bemühungen, und es findet schon wirklich eine ansehnliche Anzahl Schriften, aus vielen Fächern und von verschiedenen Graden vorräthig, die zum gründlicheren Unterricht in den maurerischen Wissenschaften mit den nöthigen Kautelen, von den BB. benützt werden können. Sollten Sie, geliebtester Bruder! Gelegenheit haben, einst (ohne Verletzung eines Eides oder Versprechens) unsere Sammlung hierinfalls vermehren zu können, so werden Sie sich dadurch sowohl um uns, als um die gesammte hiesige Maurerei ein wesentliches Verdienst erwerben; da uns alles

höchst wichtig ist, was als ein Beitrag zur Geschichte der
Veredlung oder der Ausartung der Maurerei dienlich sein
kann.

Mit diesen Instituten haben wir das der maurerischen
Vorlesungen verbunden. Jeder Br. findet dabei Gelegenheit
unter Aufsicht der eigens hiezu ernannten erfahrnen und ein-
sichtsvollen Meister, seine Begriffe, Meinungen, Beobachtun-
gen, Erfahrungen und Zweifel vorzutragen, und seine Talente
und Fähigkeiten bekannt zu machen; und sehr viele H. und
V. w. BB. haben bereits eifrigst mitgewirkt; sollten auch
Sie Gelegenheit finden, uns zuweilen mit Aufsätzen solcher
Art zu erfreuen, so wird uns dies der echteste und ange-
nehmste Beweis Ihrer Anhänglichkeit an unsere Mutterloge
sein. Vorzüglich aber bitten wir Sie zur Begünstigung unseres
Vorlesungsinstitutes und zum Dienste unserer sehr ehrw. Loge
insbesondere, mit derselben in einen beständigen Briefwechsel
sich einzulassen, und uns genaue Nachrichten schleunig und
ununterbrochen von allem mitzutheilen, was in der Maurerei überhaupt sich ereignet, oder was sonst von einem einzelnen Maurer (da wir jeden derselben als einen innigstgeliebten Bruder
ansehen) Merkwürdiges ausgeübt wird, und endlich was im
Allgemeinen zum Nutzen und Gedeihen der Menschheit unter
den verschiedenen Meridianen vorgenommen, gedacht und
verfüget wird. Wir wollen uns Ihre Berichte zu unsrer Beleh-
rung dienen lassen, indessen sie zu gleicher Zeit uns beider-
seitig dadurch noch insbesondere nützlich sein werden, um
bei einer solchen ununterbrochenen Korrespondenz und immer
erneuerten Erinnerung das Feuer der Bruderliebe nie erkalten
zu lassen. — Verschiedene Umstände, und die genaue Erwägung dessen, was eigentlich ein echter Maurer drucken zu lassen befugt und berechtiget sei, haben uns bisher zurückge-
halten, etwas von unsern Arbeiten der Presse anzuvertrauen,
und wir werden erst in einiger Zeit unsern Entschluss näher

bestimmen können, so viel ist aber gewiss, dass niemals ohne ausdrücklicher Einwilligung des Uebersenders etwas durch den Druck bekannt gemacht werden soll.

Die feste Ueberzeugung, dass blos die Kenntnisse der innern Kräfte der Natur — der sichtbarsten Ausflüsse der Gottheit — im Stande sind, den Menschen auf der einzig echten, geraden Strasse der Tugend, Wahrheit und Aufklärung zu erhalten, und ihn die Heiden, Moräste und Dickichte meiden lehren, in welche leider so manche aus faulen Dünsten entstandene Irrwische durch ihr falsches Licht ihn zu locken suchen; diese Ueberzeugung, sagen wir, hat uns veranlasset, bei der Bibliothek, mit vereinten Kräften, auch ein physisches Kabinet anzulegen, wo ebenfalls sowohl theoretische Vorlesungen von Brüdern gehalten, als durch Experimente praktisch erläutert werden. Auch hierin wird uns jede von Ihnen kommende Vermehrung oder Berichtigung unserer Begriffe äusserst willkommen sein.

Alles dieses, geliebtester Mitbruder! sind Folgen des Schutzes und der Duldung, welche unser gnädigster Monarch uns so grossmüthig geschenkt, und dadurch unsere Hoffnungen wirklich gekrönt hat. Unter seinem Schirme wachsen nun die Sprösslinge der maurerischen Tugend und Weisheit zu hohen, dickstämmigen Bäumen empor, unter deren Schatten die bedrängte Menschheit Trost und Erquickung findet. Eben diese erweiterte Freiheit kann Ihnen auch Gelegenheit geben, alle Brüder, oder würdige Profane, die in unsre glücklichen, duldungsvollen Provinzen kommen, mit Empfehlungsschreiben an uns zu versehen. Sie werden bei uns die liebreichste Aufnahme finden; indem der Tag der Bekanntschaft mit einem verdienstlichen, besonders aber von einem unserer Mitbrüder anempfohlenen Manne, uns allezeit ein festlicher Tag sein wird.

Mit dem Versprechen unsrer öftern brüderlichen Zuschriften, und in der sichern Hoffnung der Ihrigen, empfehlen wir Sie und uns alle dem Schutze des A. B. aller Welten. Dieser Geber alles Guten erhalte noch durch eine lange Reihe von Jahren unsere enggeschlossene Bruderkette unzerstückt; dann aber, wenn wir einst in jenen seligen, wonnevollen Gefilden, wo ewige Ruhe und Eintracht herrschen, uns wiederfinden, blicken wir mit übermenschlichem Vergnügen auf ein Leben zurück, wo wir mit vereinten Kräften, an der Verbreitung der Ehre des allgütigen Schöpfers, und an dem Wohle unserer Mitmenschen unverdrossen gearbeitet haben. Wir sind durch die geheil. Zahl

Gegeben in der sehr ehrwürdigen Loge zur g e k r ö n t e n H o f f n u n g im Orient von Wien. Den — 5785.

Meister vom Stuhl.
Deputirter Meister.

Erster Aufseher.   **Zweiter Aufseher.**

Secretaire.

N. S. Ihre werthen Zuschriften erhalten wir unter der Adresse des Herrn Wenzel Tobias Epstein.

Kantate auf den h. w. B. . . B* n.

Sehen, wie dem starren Forscherauge
Die Natur nach und nach ihr Antlitz enthüllet;
Wie sie ihm mit hoher Weisheit
Voll den Sinn, und voll das Herz mit Tugend füllet;
Das ist M*rer Augenweide,
Wahre heisse M*rerfreude.

Sehen, wie die Weisheit und die Tugend
An den M*rer, ihren Jünger, hold sich wenden,
Sprechend: Nimm, Geliebter, diese
Kron' aus unsers ält'sten Sohns, aus Josephs Händen:

Das ist Jubelfest für M*rer,
Das, — das der Triumph der M*rer. —

Drum singet und jauchzet, ihr Brüder!
Lasst bis in die innersten Hallen
Des Tempels den Jubel der Lieder —
Lasst bis an die Wolken ihn schallen!
Singt: Lorbeer hat Joseph, der Weise zusammengebunden,
Mit Lorbeer die Schläfe dem Weisen der M*rer umwunden.

Br. Petran.
(In Musik gesetzt von B. Mozart.)

Bei der Almosensammlung.

Würd'ge M**, echte Brüder!
 Nun gedenkt der Armen wieder;
Denn das ist, was uns gebührt:
Denn das ist, was uns gebührt.
 Seht die Thräne armer Waise,
 Hört das Aechzen matter Greise:
Weg mit dem, den dies nicht rührt,
Weg mit dem, den dies nicht rührt.

 Seht den Edlen dorten prangen,
 Seines Wohlthuns Lohn empfangen,
Ihn die grosse Seltenheit,
Ihn die grosse Seltenheit.
 Wenn die Güter dieser Erden,
 Seinem Geiste zinsbar werden
Und ihn doch das Geben freut:
Und ihn doch das Geben freut.

 Auf, ihr Brüder! frisch zur Gabe
 Theilt dem Dürft'gen mit die Habe
Nach der Pflicht des dreimal drei:
Nach der Pflicht des dreimal drei.
 Heil dem Bunde, der uns bindet
 Diese Pflicht ist uns gegründet:

Wohlthun, das ist M**rei
Wohlthun, das ist M**rei.
Heil dem Heil'gen dreimal drei!
Heil dem Heil'gen dreimal drei!

Br. M . . . y.

(In Musik gesetzt von B. W . . . y.

Kettenlied.

Schliesst euch heute mit doppelter Lust
In die Kette der Eintracht zusammen!
Lasst in biederer Maurerbrust
Heut die Freude am lohesten flammen.
Jubelt heute auf einerlei Weise,
Sagt und singt im geschlossenen Kreise:
Wir sind alle nur eins.
Alle, alle nur eins.

Unsre Hoffnung ist heute gekrönt;
Festlich pranget sie; freut euch, ihr Brüder!
Unsre heutige Kette verschönt,
Von der Eintracht das beste der Glieder;
O so jubelt auf einerlei Weise,
Sagt und singt im geschlossenen Kreise:
Wir sind alle nur eins,
Alle, alle nur eins.

Unsre Maurerkette ist rund;
Seht, sie hat weder Anfang noch Ende!
Auch so habe der heutige Bund
Unsrer Liebe und Eintracht kein Ende.
Jubelt ewig auf einerlei Weise,
Sagt und singt im geschlossenen Kreise:
Wir sind alle nur eins,
Alle, alle nur eins.

Br. Petran (Weltpriester.)

(In Musik gesetzt von Br. W . . . . y.)

Zur Eröffnung der Tafel.

Oft zwar setzten wir uns nieder,
Um uns herzlich, recht wie Brüder,
Mit einander zu erfreu'n,
Um uns Geist und Leib zu laben
An der Mutter Erde Gaben,
Um recht aufgeräumt zu sein.

Scherze flatterten im Kreise,
Würzten lieblich jede Speise,
Hüpften fröhlich her und hin;
Und es strahlte Lust und Freude
In dem hellsten Glanze, beide
Aus der Brüder Blick und Sinn.

Aber heute, da das beste
Glied der Eintracht bei dem Feste
Unsre Kette in sich fasst:
Heute müsse unsre Wonne
Heller als die Mittagssonne
Strahlen auf den werthen Gast.

Wirbeln müssen wechselweise
Scherz und Lust im Bruderkreise,
Hoch zu ehren unsern Gast.
Muth, ihr Brüder! denn wir müssen
Tapfer laden, tapfer schiessen,
Hoch zu ehren unsern Gast.

Br. Petran.
(In Musik gesetzt von Br. W . . . . y.)

Gesundheit auf den Kaiser.

Ein fester Muth, ein reines Herz
Schützt besser als ein Schild von Erz:
Ein Schiff, von gutem Holz gezimmert,
Bleibt auch bei Stürmen unzertrümmert.

Vergebens öffnet fürchterlich
Der Abgrund des Verderbens sich:
Des Maurers Blick wird ohne Grauen
Vom Baugerüst zur Tiefe schauen.

Wir zeigten diesen festen Muth,
Als unsern Tempel jüngst in Schutt
Ein von der Dummheit schwarzen Rotte
Erfund'nes Blatt zu stürzen drohte.

Wen sein Bewusstsein schuldlos spricht,
Scheut auch den Zorn der Fürsten nicht;
Denn sieh! er weiss, in Josephs Staaten
Folgt Ahndung nur auf böse Thaten

Wie? Sollte Josephs edler Sinn
Die süsse Duldung dem entzieh'n,
Der streng nach den Gesetzen wandelt,
Als Weiser denkt, als Bürger handelt?

Kann jemand unsern Bruderbund
Des Bösen zeihn, so mach' er's kund!
Sonst schweig' er; denn nur Thorheit nennet
Das schlimm, was sie nur blindlings kennet.

Doch freut euch, Brüder! Joseph weiss,
Dass unser brüderlicher Kreis,
Der Bürgerpflichten kennt und ehret,
Verräthern stets den Zutritt wehret.

Wer seinem Staat die Treue bricht,
Entheiligt auch des Ordens Pflicht;
Denn eine unsrer Erstlingslehren
Ist das Gebot, den Staat zu ehren.

Wir ehren ihn! ihm zum Gedeih'n
Behauen wir manch' rauhen Stein,
Und Bürger, die dem Staate nützen,
Wird jeder weise Staat auch schützen.

Dies hofften wir. Seht! Josephs Mund
Erfüllt's und schützet unsern Bund:
Drum, Brüder! feuert nun zum Lohne
Des Fürsten dankbar die Kanone.

Br. R**y.

Auf die dem Freimaurerorden von Kaiser Joseph bewilligte Duldung.

Warum ertönt in jeder Maurerhalle
Der laute Ruf des Hammers? warum zieh'n
Erwartungsvoll die scheuen Brüder alle
 Zu ihren Tempeln hin?

Kam wiederum mit einer Hiobskunde
Ein banger Schwarm verjagter Brüder an?
Dräut irgendwo dem königlichen Bunde
 Ein neuer Fürstenbann?

Drang abermal sich eine ungeweihte
Zelotenschaar in einen Maurerkreis
Wuthschnaubend ein, und gab des Tempels Beute
 Ergrimmten Flammen preis?

Riss wiederum die schon besiegte Hyder
Des Mönchthums sich aus ihrer Kluft hervor,
Und hob zur Rache wider unsre Brüder
 Die scharfe Klau empor?

Nein, Brüder! bannt des Unmuths trübe Wolke
Von eurer Stirn, und jauchzet! Josephs Mund
That feierlich vor seinem ganzen Volke
 Uns Schutz und Duldung kund.

Ihr schüchternen zerstreuten Maurerhorden,
Fasst neuen Muth! die Hand des Starken schlug
Das ehr'ne Joch zu Trümmern, das der Orden
 In unserm Osten trug.

Verkündigt es den Brüdern jeder Zone,
Dass unser Bau, auf Menschenwohl gestützt,
Der grösste Fürst auf Deutschlands Kaiserthrone
   Mit seinem Schilde schützt!

Ihm danken wir's, dass um des Tempels Schwelle
Nicht mehr ein Schwarm verkappter Häscher irrt,
Und nun nicht mehr, wie vormal, Schürz und Kelle
   Des Hasses Losung wird.

Zwar schäumen drob, voll Galle, Zions Wächter;
Die, Eulen gleich, den Strahl des Lichtes scheuen,
Und mühen sich, uns beim Pöbel als Verächter
   Der Gottheit zu verschrei'n.

Doch, Brüder! scheut der Bonzen niemals müde
Erbitt'rung nicht! sie grinse, wie sie will!
Fiel nicht vor Josephs schrecklicher Aegide
   Manch stärkres Krokodill?

Bleibt standhaft! zeigt, dass wir in Josephs Staaten
Vor Tausenden des Schutzes würdig sind;
Und machet euch durch echte Maurerthaten
   Um seine Huld verdient.

Beweist es laut, dass euern fesselfreien
Erhabnen Blick des Lichtes Glanz umschwebt,
Und nach dem Tand verjährter Gaukeleien
   Kein heller Maurer strebt!

Lasst Weisheit, Lieb' und Tugend stets euch leiten,
Dann, Brüder, dann wird unser Bund gedeih'n
Und einst noch in den fernsten Afterzeiten
Der Menschheit Segen sein.

                        Br. R**y.

Joseph der II. Beschützer des Freimaurerordens.

Seht, in Josephs grossen, weiten Staaten,
   Wo vermählet durch der Weisheit Hand,
Duldung sich und edle Freiheit gatten,
   Und die Nacht der Vorurtheile schwand.

Hebt in heller, nun entschleierter Klarheit
    Eine Brüderschaft ihr Haupt empor,
Die im Stillen Wohlthun nur und Wahrheit
    Sich zu ihrer Arbeit Zweck erkor.

Joseph, dem in seinem Herrscherkreise
    Nichts zu gross ist, das sein Geist nicht fasst,
Nichts zu klein, das er, nicht minder weise,
    Ordnet, und in seine Plane passt;

Joseph, der so eben von den Horden
    Träger Mönche seinen Staat befreit,
Schätzt und schützt dafür nur einen Orden,
    Der sich ganz dem Wohl der Menschheit weiht:

Einen Orden, den man oft verkannte,
    Weil er in geheim sein Gutes übt,
Und erst jüngst aus einem Staat verbannte,
    Wo ein Exmönch nun Gesetze gibt;

Einen Orden, dem der Arme Segen,
    Fluch der Frömmler, Hohn der Laye spricht,
Der indess im Stillen sich dagegen
    Einen Kranz von edlen Thaten flicht;

Einen Orden, den der Mönch zu schmähen
    Oder zu verdammen nie vergisst,
Weil sein Zweck nicht müssig betteln gehen,
    Sondern Thätigkeit im Wohlthun ist;

Einen Orden, den der Heuchler scheuet,
    Weil er ihm die schwarze Seel' entblösst,
Wider den der Schurke tobt und schreiet,
    Weil er ihn von sich zurücke stösst;

Einen Orden, den als Staatsverräther
    Und Verführer man schon oft bestraft;
Während er der Unschuld treue Retter,
    Und dem Staate gute Bürger schafft;

Dieser Orden ist's, den, frei vom Wahne,
   Joseph seines Schutzes würdig fand,
Und zu seinem weisen Herrscherplane,
   Wie ein Glied zur Kette, mit verband;

Weil mit ihm der Orden, festen Blickes.
   Und von einem gleichen Geist belebt,
Zu dem grossen Zweck des Menschenglückes
   Hand in Hand hinan zu dringen strebt.

Drum, ihr Brüder, lasset uns im Stillen,
   Nicht durch Worte, sondern auch durch That
All' die grossen Hoffnungen erfüllen,
   Die von uns der grosse Weise hat.

Lasst uns dankbar unsern Schützer preisen
   Und ihm zeigen, dass die Maurerei
Werth der Achtung eines jeden Weisen,
   Werth des Schutzes eines Josephs sei!

                 Br. B***r.

Maurerfreude.

Frohlocket, edle Brüder! seht, es hebt
Nun öffentlich ihr neubekränztes Haupt
Die Maurerei empor; denn Joseph hub,
Nicht achtend des erlauchten Vorurtheils,
Den Schleier weg von ihrem Angesicht.

   Heil, dreimal Heil dem Volke, dessen Fürst
Mit eignen Augen sieht! Der Unsrige,
Der, immer wachsam für des Menschen Wohl,
Der Seinen Schicksal in dem Herzen trägt,
Der unser Segen ist, und unser Stolz,
Liess nicht entschlüpfen seinem weisen Blick,
Wie neben einer kleinen Brüderschaar,
Von Menschenlieb und Tugend still vereint,
So manche Rotten theils Betrogener
Und theils Betrüger sich versammelten,

Die, mit der Larve der Rechtschaffenheit
Entheiligend den Maurernamen, sich
Mit eitel Gaukelspiel auf Wege, gleich
Gefährlich für den Geist und für das Herz,
Verirrten, Bruderlieb' und Tugend nur
Im Munde trugen, mit den Handlungen
Der echten Maurer prahlten, und den Spott,
Den sie von dem Profan verdienten, auf
Die biedre Maurerzunft verbreiteten.

Das drang sich tief in Josephs Vaterherz,
Und weil sein Blick ein Uebel kaum so schnell
Entdeckt, als seine Weisheit Rettung schafft,
Seht, so zerstäubt' er diese Winkelbrut
Mit mächt'gem Arm, und dadurch schon verdient
Der weise Fürst der Menschheit lauten Dank;
Doch that er mehr noch, nahm den Orden, der
Am Glück der Menschen bauet, Edelmuth
Und Duldung sich zum heiligsten Gesetz,
Aufklärung, Weisheit, Wohlthun zum Geschäft
Seit grauen Jahren macht, in seinen Schutz,
Und that es kund der hocherstaunten Welt.

Des hohen Schutzes, welchen Joseph uns
Gelobt, freut auf dem ganzen Erdenball,
So weit die heil'ge Bruderkette reicht
Sich jeder Bundsgenoss', in Belgien
Sein edler Schwager, selbst in jener Welt,
Wo aus den Händen des Unendlichen
Die ew'ge Palme wahre Maurer lohnt,
Sein grosser Vater, der mit uns gebaut
Am Menschenwohl, dess Maurertugenden
In unsern Ordensbüchern glänzen und
Dess Angedenken nie bei uns verblüht.
Ich seh', ich sehe des Verklärten Geist,
Gekleidet in des Ordens Schmuck, wie er
Von seines Josephs Weisheit tief gerührt,
Sein Beifallszeichen gibt dem grossen Sohn,
Und seinen Segen unserm Bruderkreis.

Drum auf zur Arbeit, edle Brüder! lasst
Uns vor des ganzen Volkes Angesicht
Verdienen Josephs Schutz. — Wir, die das Licht
Der Wahrheit zu verbreiten uns bemühen,
Wie könnten wir das Licht des Tages scheu'n?
Auf, lasset nach des Ordens weisem Plan
Nun festen Muthes uns, und Hand in Hand,
Der hohen Weisheit einen Tempel baun,
Der Armuth eine Hütte, dass noch spät
Die Maurer ferner Zeiten tröstend sich
Ermuntern mögen. Bauet weise, wie
Einst unsre Brüder unter Josephs Schutz.

Br. P***r.

Empfindungen über den der Freimaurerei in den k. k. Erblanden öffentlich ertheilten Schutz.

Virtus — — — — — —
Intaminatis fulgit honoribus.

Horatius.

Heil uns! zerschmettert sind die eh'rnen Bastionen
  Die, Aberglaube! dich geschützt.
Woraus erbost nach unsern Salomonen
  Dein Bannstrahl oft herabgeblitzt.

Zu lange hauchtest du, Verderber, nur zu lange
  In unsre Kreise Tod und Pest;
Ha, sieh! nun hält an diamant'nem Strange
  Der stärkere Herkul dich fest.

Und du, der Freiheit Tochter, neugekrönte Wahrheit!
  Zeuchst unter lautem Jubelschrei'n
In blendender erhab'ner Himmelsklarheit
  Glorreich in unsre Tempel ein,

Und segnest wonnevoll die dir getreuen Brüder;
  Den Friedenszweig in deiner Hand,
Schlingst du um lang verkannte Ordensglieder
  Huldlächelnd nun der Eintracht Band.

Seht, nicht der Dummheit mehr, dem Pfaffentrug zum Raube
   Hebt unsre Kunst in schönerm Flor,
Gleichwie das Veilchen aus dem Winterlaube,
   Ihr stillbescheidnes Haupt empor,

Streut, gleich dem Frühlingskind, in Josephs weiten Staaten,
   Geschreckt von keines Sturmes Graus,
Den süssen Duft verborgner Edelthaten
   Auf die bedrängte Menschheit aus. —

Ihr Edlen, die ihr nun voll heisser Ruhmbegierde
   Kühn nach der Weisheit Tempel strebt,
O fühlt mit mir, zu welcher hohen Würde
   Der weiseste Monarch euch hebt,

Und lasst zu seinem Zweck uns alle treu vereinen,
   Dem Vaterlande ganz uns weihn,
Und so, wie ihn im Grossen, uns im Kleinen
   Ein Beispiel der Bewund'rung sein!

Br. L**n.

Hymne an die Natur.

Göttliche! bei deren Mutternamen
   Laut und stolz das Herz des Menschen schlägt,
Deren Gottheit in des Wurmes Saamen,
   Und die Sonne gleich sich eingeprägt!

O Natur! wer konnte dir erbauen
   Diesen Tempel, heilig dir allein,
Wo sich nun am Lichte, das wir schauen,
   Deine Söhne, deine Schüler freun? —

Als beim Anbeginn der Nationen
   Der Gesellschaft segenreiches Band
Nicht um Länder oder Fürstenthronen,
   Sondern sich nur um die Menschen wand,

Da bestand noch Treu' und Glaub', es wachte
Strenge Tugend ob der Menschheit Recht:
Durch Genügsamkeit und Einfalt machte
Sie beglückt das menschliche Geschlecht.

Aber auch der Geist, der in uns denket,
Ward, berührt vom Strahl der Weisheit, wach,
Spähte nach der Kraft, die alles lenket,
Spähte kühn dem Grund der Dinge nach.

Schwang, erforschend dein Gesetz gen Himmel
Sich zu dir empor, in jene Höh'n,
Hin, wo sich in leuchtendem Gewimmel
Ewig Millionen Welten drehn.

Senkt hinab sich, dein Gesetz erforschend,
In der Erde Schooss, von dir geführt,
Wo, im Hauche der Verwesung morschend,
Ein Geschöpf des andern Mutter wird.

Und du lohntest süss sein heisses Streben,
O Natur! er durfte, kühner Hand,
Dir den Schleier von dem Antlitz heben,
Den um dich das ew'ge Schicksal wand.

Denn du wolltest, dass durch ihn das rohe
Menschenvolk geführt zu seinem Wohl,
Und von Ost bis West in heller Lohe
Uns der Weisheit Fackel leuchten soll.

Doch auf Erden lacht kein Glück uns heiter,
Wo das Schicksal uns als Pilger prüft,
Und die Wiese, die uns edle Kräuter
Heilsam schenkt, trägt Disteln auch, und Gift.

Sieh! die Blume, die dir Weisheit streute,
Ward dem Pöbel nichts als dürres Laub,
Und die Frucht der Tugend eine Beute
Jedes Klügern, und des Stärkern Raub.

Denn auf abgesonderten Altären
　　Opferte das Volk der Weisheit dort,
Da der Tugend, musste beider Lehren
　　Missversteh'n, verdrehn ihr göttlich Wort.

Vor den Thron der Weisheit, wo die Jugend
　　Lernend horchte, warf die Bosheit aus
Ihre bunten Netz' und in der Tugend
　　Heil'gen Tempel hielt die Dummheit Haus.

Darum zog die Weisheit sich zurücke,
　　Und verstopfte ihren eignen Quell,
Jetzt getrübt von Arglist und von Tücke,
　　Und zuvor — so spiegelklar und hell.

Darum ward das Amt der Tugendpriester
　　Dem verschmitzten Bösewicht zum Theil.
Ihre Lehr' ein Papagei-Geflüster,
　　Und ihr Tempel jedem Pächter frei.

Darum zog man einen dichten Schranken
　　Der Vernunft davor, die man verwaist
Austrieb, legt' auf Sinnen und Gedanken
　　Eine Tax' und fesselte den Geist.

Dess erbarmten endlich die Göttinnen
　　Selber sich, und bauten, o Natur!
Hoch dir diesen Tempel, dessen Zinnen
　　Sichtbar wurden wenig Menschen nur.

Hier vereinten anfangs biedre Weisen,
　　Weise Biedermänner Hand in Hand
Sich zu deinem Dienst' in engen Kreisen,
　　Fest umwunden von der Eintracht Band.

Eingehüllet in den dichten Schleier
　　Der Mysterien, vertrauten sie
Sich nur dir, denn wem dein göttlich Feuer
　　Seinen Weg erhellt, der strauchelt nie.

Sie arbeiteten bei deinem Lichte
 Rastlos an der Menschen Wohl, wie du!
Warfen liebreich ihres Fleisses Früchte
 Ihren weit verirrten Brüdern zu.

Kämpften mit dem Laster, und erhielten
 Manchen Sieg in frommer Zuversicht
O Natur, auf dich! — Die Menschen fühlten
 Ihre Waffen, aber sahn sie nicht.

So begann gemach durch ihr Bemühen
 Zu erheitern sich der Menschheit Bahn,
Sich des Geistes Nebel zu verziehen,
 Und die Tugend wieder sich zu nahn.

Wieder wurden deine Menschen besser,
 Wieder schmolz der Dummheit grosses Heer
Sichtbarlich — dein Tempel wurde grösser
 Deiner Jünger, deiner Priester mehr.

Doch — auf Erden lacht kein Glück uns heiter,
 Wo das Schicksal uns als Pilger prüft.
Sieh! die Wiese, die uns edle Kräuter
 Heilsam schenkt, trägt Disteln auch und Gift.

Selbst durch diese strengbewachten Thüren
 Drangen List, Verführung, Bosheit ein,
Wussten schlau das Antlitz zu maskiren,
 Täuschten leicht uns durch der Tugend Schein,

Streuen aus mit leiser Hand den Saamen
 Jedes Lasters, wagen ohne Scheu
Zu entweihen selber deinen Namen,
 Und missbrauchen ihn zu Meuterei.

Locken zu dem Abgrund unsre Brüder
 Mit betäubendem Sirenenton,
Ach, und träufeln auf die Augenlider
 Guter Menschen schändlich ihren Mohn

Dass nun Brüder Rach' und Hass durchglühet,
Die zuvor ein heil'ger Bund vereint :
Dass die Sanftmuth, dass die Duldung fliehet,
Und der Genius der Menschheit weint;

Dass nicht selten auf die Eingeweihten
Zwietracht ihren Geifer niederthaut,
Und mit ihren giftgeschwollnen, breiten
Klauen einreisst, was die Eintracht baut.

Doch du schirmst das Häuflein deiner Söhne,
Rettest es von seinem Untergang,
Lehrst uns kennen die Sirenentöne
Und verachten ihren eitlen Klang.

Warnest vor den Frevlern, die sich klüger
Dünken, denn dich selbst — dich ungescheut
Höhnen, stellst entlarvet die Betrüger
Nackt uns dar in ihrer Scheusslichkeit.

Darum strahlt von deines Altars Schimmer
Nicht dein reines, nur ein magisch Licht,
Das dem Weisen leuchtet, aber immer
An dem Aug' Unwürd'ger sich bricht.

Drob erschallt aus deiner Jünger Munde
Hoher Dank in unserm Tempel dir,
Denn du schlägst, o Mutter, keine Wunde,
Du gewährst den Balsam auch dafür.

Du beglücktest uns mit deiner Weihe,
Winktest in den Kreis der Maurerei
Huldreich uns zum grossen Schwur der Treue:
O Natur! und sieh! wir sind dir treu.

Gieb uns fürder Kraft und deinen Segen,
Liebevoll mit heiligem Bemüh'n
Den uns anvertrauten Grund zu pflegen,
Und sei fürder unsre Leiterin!

Dass wir trotz der Feinde, die gedrungen
Frecher Stirn an deinem Altar sind,
Dein Gesetz mit unbestochnen Zungen
Laut verkünden jedem Menschenkind.

Reichlich streun aus unserm Heiligthume,
Das von dir uns anvertraute Pfand
Für der Menschheit Wohl, — der Weisheit Blume,
Abgepflücket von der Tugend Hand.

Dass wir bei dem Strahl, von dir gesendet,
Wandeln frohen Muths auf deiner Spur,
Und von keinem Irrlicht je geblendet,
Folgen mögen deinem Rufe nur.

Dann wird nimmer dieser Tempel fallen,
Wird auf deinen ew'gen Pfeilern stehn,
Unsre Weisheit nur mit dir verhallen,
Unsre Tugend nur mit dir vergehn.

Br. P***r.

Ode an den hochwürdigen Grossmeister der Distrikts - Loge zum neuen Bunde, Freiherrn von Gebler (Tob. Fll.),

Commandeur des heil. Stephans-Ordens, k. k. geh. Rath und Hofvicekanzler der vereinigten Böhm.-Oesterr. Hofkanzlei, Hofkammer und Minist. Banko-Deputation.

Bei der feierlichen Installirung der sehr ehrw. Johannis-Loge zur Beständigkeit im Orient zu W. Von Br. Föderl. — 1. 28 5784. VII.

Du ahmest heut dem Gott nach, dessen Priester
Du bist, der Deiner Leitung anvertrauet
Des neuen Maurer-Bundes schwächste Zunft — uns,
Ha! schauerlich, friedfertig doch, und segnend
Gleich ihm, wenn er zu seinem treuen Volk einst
In Wolken-Säulen, oder auf dem Fittig
Der Winde niederstieg, kömmst Du — umflossen
Vom Glanz des fünfmal schön getheilten Brustschilds.
Die ehrnen Riegel unsers Tempels springen
Dir, mächt'ger Priester, ungebeten los, und
Zur grössten Feier aufgefordert schweiget

Der ernste Hammer und die thät'gen Kellen;
Von Andacht blühen Wang' und Blick den Brüdern.
Und nun beginnt das Werk des grössten Sabbaths.
Verschweig' die Wunder, die gescheh'n, o Muse;
Erfüllte gleich nicht eine düstre Wolke
Zum Zeichen, dass der Herr im Dunklen wohne,
Das Haus, wie einst bei Salomons Geschäfte:
Und gaukelte gleich nicht der Demiurgos,
Wie einst zu Eleus, den Neugewählten:
So zitterte doch eine heisse Zähre,
Der Zeuge von Jehova's Gegenwart, aus
Dem starren Auge jedes Bruders nieder.
Zum unbescholt'nen stillen Dienst des Ew'gen,
Zum festen Bund der Maurer unter Josephs
Dem Eigennutze gramen Scepter weih'st Du
Dies Werk- und Bethhaus ein, und wischest klüglich
Den längst verstellten Spruch am Eingang: Lerne
Dich selbst erkennen, weg, sammt den verwirrten
Von Schwärmern hingeklecksten Commentaren,
Und schreibst: Wohlthätigkeit, des Maurers einz'ge
Vom Pöbelvolk unangefocht'ne Tugend.

III.

Liste der Mitglieder der Loge zur gekrönten Hoffnung.

Meister:

Rud. Gräffer, Buchhändler.
Freih. Jakob Osontard, Banquier.
Malvetito, Kammerdiener des hochw. Br. Eszterházy.
Clairfait Karl Graf, k. k. Kämmerer, Gen. Fld. Msch. Lieut.
und Reg. Inhaber.
Jos. Ried, Mundkoch des ung. siebb. Hofkanzl. Gr. Eszterházy,
Pasqu. Artaria, Kunsthändler.

Dn. Four. Nik., Probst zu Nikolsburg in Mähren,

Jos. Pas. Ferro, Doct. d. Medizin.

Joh. Graf Herberstein Moltke, Privatier.

Jos. de Wieve, Kammerdiener d. hochw. Br. Eszterházy.

Fz. v. Wiesenthal, Rathsprotok. b. d. Oberst. Justizstelle.

Gg. Unterberger.

Hein. Fleuhr, Kammerdiener d. Br. Franz Eszterházy.

Paul Vranitzky, Musikdirector b. d. hochw. Br. Eszterházy.

Victor Colombazzo, Musikus.

Ad. Bartsch, Script. d. Hofbibliothek.

Val. Adamberger, Hofschauspieler.

Gesellen:

Fr. Petran, Weltpriester.

Karl Prandstätter, k. k. Ballmeister.

Ehrenmitglieder:

Karl Graf Pálffy v. Erdöd, Ritter des gold. Vliess, geh. Rath, Kämmerer und ung. siebenb. Hofvicekanzler, Prov. Grossmeister von Ungarn.

Georg Graf Panfy, Commandeur des heil. Stephans-Ordens, k. k. Kämmerer und ung. siebenb. Hofvicekanzler. Prov. Grossmeister von Siebenbürgen.

Wenzel Graf Sinzendorf, Ritter des gold. Vliess, geh. Rath, Kämmerer und Appell. Präsident (Meister).

Dienende Brüder.

Christ. Haas, Burg. und   Husaren und Bediente.

Abwesende Brüder.

Franz Anton Graf Stampach, geh. Rath, Kämmerer, Vicepräsid. b. d. böhm. Oberappell. Ger. zu Prag, Prov. Grossmeister von Böhmen.

Fz. Thürheim Josef Graf, Ritter des deutschen Ordens, Kämmerer und Gen. Feldwachtmeister, Mr. v. St. im J. 1784.

Ludw. Graf Harrsch Almedingen, Ritter des Stephan-Ordens und Kämmerer, M. v. St. 1799.

Karl Alter Graf von Salm und Reifferscheid, Kämmerer, M. v. St. der Loge zur aufgeh. Sonne im Orient von Brünn.

Fz. Ant. v. Kollowrath Novaradzy, geh. Rath, Dep. M. im J. 1783.

Fz. Graf Montecucoli, herz. Mod. Hofcavalier, Meister.

Brüder dieser Loge waren noch viele adelige Herren, Beamte, Officiere der galizischen und ungarischen Leibgarde etc.

Loge zur gekrönten Hoffnung im Wintergässchen im Baron Moser'schen Haus I. Stock (1785).

Auszug aus dem Brüder-Verzeichniss der Loge von 1785.

Wenzel Graf Paar, k. k. Kämmerer, Meister vom Stuhl.

Matolay Bernh. Sam., kais. Reichshofraths-Agent, Deputirter Meister.

Stockhammer Ign., Graf, 1. Aufseher.

Wenzel Epstein, Negotiant, 2. dto.

Konr. Bartsch, Verfasser der Wiener Zeitung, Secretär.

Theob. v. Wallstein, Secretär des reg. Fürsten Alois Liechtenstein, Redner.

Graf Jos. Stockhammer, k. k. Kämmerer, Oberst und Oberlieutenant der galiz. Leibwache, Ceremon. Meister.

Jos. Carl reg. Fürst Dietrichstein-Proskau, Ritter des gold. Vliesses, geh. Rath.

Freih. v. Stäm, Obriststallmeister, Landesgrossmeister.

Fz. Kessel, Commandeur des Stephans-Ordens, geh. Rath, Präs. der Hofkammer in geistl. Sachen. Prov. Grossmeister von Oesterreich.

Joh. Fil. Freih. Gebler, Com. des Steph.-Ord., geh. Rath, Hofvicekanzler der verein. böhm.-österr. Hofkanzlei, Hofkammer- und Minist.-Banko-Deputation, Grossmeister der s. ehrw. Bezirks-Loge zum neuen Bunde.

Kaunitz-Rietberg (Ernst), Ritter des gold. Vliesses, geh. Rath, Kämmerer und Oberst-Hofbaudirector, Meister vom Stuhl im J. 1782.

Eszterházy Joh. Käm. Meister vom Stuhl im J. 1781.

Vannotti, Secretär des Brud. Dietrichstein, Meister vom Stuhl im J. 1780.

Jos. David Irummer, Registr. bei der nied.-österr. Zolladministration, Deput. Meister im J. 1784.

Ladislaus v. Székely, k. k. Oberlieutenant und 1. Wachtmeister der kön. ung. adel. Leibgarde, Dep. Meister im J. 1780.

Jos. Edl. v. Böhm, k. k. Hofsecretär in der geh. Cabinetskanzlei, 2. Aufseher vom J. 1783.

Jos. Trimmel, Concipist bei der nied.-österr. Landesregierung, 2. Aufseher vom J. 1781.

Die Freimaurer in Oesterreich.

Von

Anton Langer, Nationalgardist.

(Geschrieben im August 1848.)

Seit undenklichen Zeiten besteht ein Orden in der Welt, dessen Wirksamkeit, weil sie die wenigsten kennen, weil sie mit dem dichten Schleier des Geheimnisses umhüllt ist, von einem grossen Theile des Volkes gefürchtet, von einem kleinen verspottet, von dem allerkleinsten aber anerkannt und gesegnet wird.

Dieser Orden ist der Orden der Freimaurer.

Freimaurer nennen sie sich, weil sie treu und fleissig mitbauen an dem grossen Bau der Menschenbeglückung, an dem Tempel der Eintracht und Bruderliebe, an der Vereinigung der Völker, an der Säule der Ordnung, der Freiheit und des Friedens. Darum tragen sie die Zeichen des Maurers: Schurz, Kelle, Zirkel, Winkelmass u. s. w.

Die Geschichte des Freimaurerordens reicht der Sage nach bis zum salomonischen Tempelbau hinauf, ja die Pyramiden Aegyptens sollen nach Freimaurerplänen angelegt, Cecrops und Rhampsinit Freimaurer gewesen sein.

In der Isispriesterschaft, die aus Aegypten stammte, finden sich während der Römerherrschaft Spuren der Freimaurerei.

Christus selbst soll Freimaurer gewesen sein, und in der That, die Religion der Liebe, die Christus predigte, ist das Glaubensbekenntniss der Freimaurer.

In der Völkerwanderung gehen so wie manches Andere auch die Spuren des Freimaurerthums verloren; die ersten weisen sich wieder im Anfange der gothischen Baukunst all' überall in den alten Domen; in jenen Wunderwerken deutscher Kunst des Mittelalters finden sich in Schnörkeln, Blumen, Arabesken, in Thiergestalten wundersamer Art geheime Zeichen — Maurerzeichen; sie finden sich am Strassburger Münster, in der Stephanskirche zu Wien, im Dom zu Meissen und all' überall, wo deutsche Meister bauten; Thatsache ist es, dass die Meister fortwährend in Verbindung mit einander standen; wie wäre es sonst möglich gewesen, jene Wunderbauten nach einem Systeme, nach einem Plane auszuführen. Geheimnissvoll hielten sie ihre Zusammenkünfte, geheime Zeichen machten sie einander kennbar, und frei, als freier Maurer schritt der Lehrling vom Rhein zur Elbe, von der Donau bis zum Nordmeer. Pöbelwahn und Pfaffentücke stand ihnen im Wege; sie erfanden jene unzähligen Sagen, die man fast von jedem Dom erzählt, dass der Teufel bei seiner Erbauung im Spiel gewesen sei.

Schon damals übte der Orden einen gewaltigen Einfluss, indem er als heilige Vehme auftrat. Recht und Gerechtigkeit lag darnieder auf Erden, der Gewaltige setzte trotzig den Fuss auf den Nacken des Volkes, unbekümmert um dessen Wehgeschrei, unzugänglich der Rache, denn mancher war weit entfernt von des Kaisers strafendem Arme, mancher mächtiger als der Kaiser selbst. Da plötzlich zittert die Sage durch Deutschland von einem geheimen Orden, der unnachsichtlich die Schlechten verfolge, unerbittlich richte und furchtbar strafe. Kein Winkel verbirgt ihn, kein Heer schützt ihn vor der Rache der Vehme. Und diese Männer der Rache waren nicht blos Adelige, es waren Männer aus dem Volke, freie Männer, sie nannten sich auch Freirichter *). Ihr Entstehen

---

*) Noch deutlicher tritt die Identität der Vehme mit den Freimaurern in den französischen Namen franç-juges und franç-maçons hervor.

10*

füllt mit der Zeit der Dombaue zusammen, von vielen der ersten Meister weiss man, dass sie Mitglieder der Vehme waren.

Viel deutlicher, als in dieser etwas roh zusammengewürfelten Association tritt die Freimaurerei im Orden der Tempelherren auf. Die ganze Gestaltung des Tempelherrnordens mahnt an die Maurer. Der Tempel selbst, die Maurer, die geheimen Zeichen, Alles deutet darauf hin, ja macht es zur Gewissheit, dass die Templer Freimaurer waren. Der Orden stemmte sich aber der Macht der Könige entgegen, welche die Kreuzzüge benützten, um, während die Blüthe ihrer Länder im Orient unter dem Schwerte der Saracenen verblutete oder der Pest erlag, daheim zu bleiben, die Güter der Grossen einzuziehen und das arme Volk immer mehr zu knechten. Die Templer durchschauten diesen Zweck, der besonders bei Frankreichs Königen hervortrat, und traten als echte Maurer, als Kämpfer für die Freiheit ihnen entgegen; das war ihre einzige Schuld. Längst sah der Clerus mit scheelem Auge auf diese Männer, die, ohne Priester zu sein, die Würde und den Geist eines echten Priesters besassen. Von Frankreich aus, wo Jacob Molay, ihr Grossmeister, mit mehr als dreissig Rittern auf dem Scheiterhaufen starb, ging die Hetzjagd durch Europa, allüberall, wo sich Templer befanden, erlagen sie dem Wahne, der Wuth des von Geistlichen aufgehetzten Pöbels.

Nach Schottland flüchteten sich der Sage nach die letzten Reste des Ordens, dort den gestürzten Tempel neu aufbauend. In jener Zeit, wo sie geächtet, vogelfrei waren, mag sich auch, was natürlich ist, die Sitte des Waffentragens, die strengste Geheimhaltung der Zeichen und Losungsworte als eiserne Nothwendigkeit herausgestellt haben.

Es würde hier zu weit führen, die Geschichte des Ordens noch weiter zu verfolgen, nur die Zeit will ich noch berühren, wo die Freimaurerei ihre edelsten Siege erfocht. Es war um die Mitte des vorigen Jahrhunderts, wo einerseits Jesuiten und Consorten den Pöbel zum krassesten Aberglauben verdummt, anderseits aber die Gebildeten, die doch unmöglich an der Dummheit des Pöbels Theil nehmen konnten, zur Freigeisterei gezwungen hatten; da stellten sich die Freimaurer in die Mitte zwischen beide, das Volk vom Wahne heilend, die Gebildeten zurückziehend von der gefährlichen Strasse, die sie betraten; die Maurer predigten als echte Gottespriester Wahrheit, Recht, Licht, Liebe, Freiheit und Religion, die edelsten Herzen wandten sich ihnen zu. Friedrich II. von Preussen und Kaiser Joseph II. unser grosser, unser einziger Joseph waren Freimaurer.

Aber es kam die französische Revolution, die, so edel in ihrem Beginne, so blutig in ihrem Verfolge war. Es kamen die Guillotinen und die fünfundzwanzig Kriegsjahre. Im Donner der Kanonen, im Klirren der Schwerter verhallten die Psalmen der Maurer. Der Tempel war stille, und schweigend warteten die Maurer auf eine bessere Zeit. Leider kam diese für Deutschland nicht, sondern nur eine Polizeiregierung, die, obwohl sie selbst geheim war, alles Geheime fürchtete und darum die Maurer verfolgte. Der Orden musste, wenigstens in Oesterreich, sich wieder so verborgen halten, wie zur Zeit der Tempelherrnausrottung.

Und was ist denn der Zweck dieses verfolgten Ordens?

Segen zu stiften für die Menschheit, zu beglücken all überall, Ordnung, Friede, Eintracht zu verbreiten auf der ganzen Erde; auszugleichen die Uebelstände, welche Geburt, Zufälle, Schicksale verursacht haben; alle Menschen als seine Brüder anzusehen; sich gegenseitig beizustehen und zu helfen; den Bau der Freiheit immer höher zu thürmen, mit einem Worte, die Religion Christi nicht zum Spielzeug für Pfaffenherrschsucht und Pöbelwahn, sondern zu einer grossen, erhabenen Wahrheit zu machen. Die Absicht zu verwirklichen, welche Christus hatte, als er sprach : Gehet hin in die ganze Welt und predigt das Evangelium allen Völkern.

Wenn ein armer Handwerksbursche fremd und unbekannt in einer fremden Stadt anlangt, der Bruder Maurer wird ihm helfen Arbeit zu finden; sei du ein Künstler, er wird dir Gelegenheit geben deine Kunst zu üben; den Kranken wird er pflegen, den Betrübten trösten, den Verarmten aufhelfen, den Reichen gewiss durch Bitte und Ueberredung dahin bringen, einen Theil seines Mammons für den armen Bruder herzugeben. Und dabei will er keinen Thron umstossen, er ist ein treuerer Unterthan als Mancher, der sich brüstet mit seiner Unterthanentreue.

Alljährlich an einem bestimmten Tage — und zwar am Tage Johannes des Täufers — den sie als einen ihrer vorzüglichsten Gründer ansehen, feiern alle Maurer auf der ganzen Erde ein grosses Fest, und es ist ein erhabener Gedanke, dass um dieselbe Stunde so viel tausend Herzen, für die Idee der Menschenbeglückung begeistert, den Schwur erneuern, für diese Idee alle ihre Kräfte, Gut und Blut zu opfern.

So sind die Maurer. Zweifelsohne haben sie auch in Oesterreich zur Zeit der Sedlitzky-Regierung ihre Logen gehabt; zweifelsohne wird der Orden jetzt auch freier hervortreten. Oesterreicher, Landsleute, die ihr die Liguorianer vertrieben, ihr müsst diesen Orden freundlich aufnehmen, denn er ist das absolute Gegentheil jener Liguorianerpfaffen. Die Liguorianer wollten die Dummheit des Volkes, die Maurer dessen Aufklärung; die Liguorianer wollten Geld zusammenscharren, die Maurer geben ihren letzten Kreuzer für die Dürftigen her. Die Liguorianer hatten ihre allergrössten und geheimsten Geheimnisse mit Weibern, die Maurer schliessen die Weiber von den Geheimnissen aus; die Liguorianer waren bornirt, gefrässig, trügerisch, die Maurer sind klar, mässig, wahr. Oesterreicher, ich glaube die Wahl wäre nicht schwer, und der Tausch ein guter. Stosst Euch nicht an den geheimen Bundeszeichen, noch schleicht die Schlange der Reaction durch das Paradies unserer jungen Freiheit und es wäre thöricht der Schlange das Fleckchen zu zeigen, wo sie ihr Gift hinspritzen könnte. Wenn jener Tag, den der Maurer erwartet, den unser grosser Joseph herbeiführen wollte, angebrochen, dann wird jeglich Geheimniss, und so auch die unschuldigen Geheimnisse der Maurer wegfallen. Es lebe die constitutionelle Monarchie!

Siegel der Loge St. Joseph.

Maurerische Visitenkarte aus dem achtzehnten Jahrhunderte.

Verzeichniss der sämmtlichen Mitglieder

der sehr ehrw. St. Johannes-Loge zur Beständigkeit am Orient zu Wien 5782.

Name.	Profaner Stand.	Logen-Amt u. Grad.
1. Ludwig Schmidt, Mitglied der k. k. National-Hofschaubühne,		Meister vom Stuhl.
2. Max. Jos. Bar. v. Linden, k. k. Administrations-Rath,		Dep. Mst. v. Stuhl.
3. Jos. v. Ehrnstein, Doctor der Arzneikunde,		
4. Leop. Föderl, Professor und öffentl. Lehrer der Poesie an hies. Universität,		1. Aufseher.
5. Karl Graf Cavriani, k. k. wirklicher Kämmerer und nied.-österr. Landrath,		
6. Andreas v. Stang, k. k. Grenadier-Oberlieutenant von Durlach Infanterie,		2. Aufseher.
7. Franz Brabbée, k. k. Wechsel- und Börse-Sensalen-Expectant,		
8. Johann Ziegler, priv. Kupferstecher,		Secretäre.
9. Christian Gottlieb Meltzer, Kaufm.,		
10. Johann Georg Haass, Kaufmann,		Schatzmeister.
11. Joseph Bauerjöpel, k. k. Hofkanzellist bei der Bücher-Censur-Hofcommission,		
12. Michael Korn, Weltpriester und Cooperator im Lichtenthal,		Redner.

Name.	Profaner Stand.	Logen-Amt u. Grad.

13. Joseph Grassi, akademischer Maler,

14. Johann Kempel, Hausofficier beim Feldmarschall-Lieutenant Graf v. Khevenhiller,

> Ceremonier.

15. Anton Graf Cavriani, Domherr bei St. Stephan und Konsistorialrath,

16. Philipp Jacob von Poek, Doctor der Arzneikunde, und Magister Sanitatis,

> Aumonier.

17. Jacob v. Lorenzo, k. k. Hauptmann von Karl Toscana Infanterie,

> abgeg. Meister vom Stuhl.

18. Mathias Heinl, k. k. Oberchirurgus, bedeckt,

19. Conrad Zöberer, fürstlich Limburg-Stirumbischer Hofrath,

20. Karl Graf Clouer-Briant, k. k. Hauptmann von Karl Toscana Infanterie,

21. Karl Flad, Hausofficier beim Cardinal Migazzi,

22. Karl v. Kirchstetter, nied.-österr. Regierungs-Secretär,

23. Franz Alois Pohl, k. k. Raitofficier,

24. Conrad Elbert, k. Registrant bei der Reichskanzlei,

> Meister.

25. Robert von Ehrnstein, k. k. Oberlieutenant von Richecourt Chevauxlegers,

26. Johann Nep. Freundt, nied.-österr. Regierungs-Thürhüter,

27. Joseph de Capello, Doctor der Arzneikunde,

28. Johann Anton Sommavilla, Kaufmann,

Name.	Profaner Stand.	Logen-Amt u. Grad.

29. Christoph Froschmeyer Edler v. Scheibenkoven, k. k. Officier der Armee,

30. Leopold Hofreiter, k. k. Getreideaufschlagsamt-Controlor, } Meister.

31. Anton Pettersch,

32. Franz Edler v. Langenbach, k. k. Hofkammer Registratur-Accessist, } Meister,

33. Anton Grassi, k. k. erster Modelleur in der Porzellain-Fabrik,

34. Philipp v. Gaisserhof,

35. Joseph Ferdinand Panckhl, k. k. Stadt- und Landesgerichts-Assessor, } Meister,

36. Sigmund Preissinger, Juris Practicus,

} Gesellen.

37. Ernst v. Bressler und Sternau, k. k. Hofagent,

38. Andreas Bapt. Hofschneider, k. k. Oberster Justizstelle Registratur-Adjunct,

39. Franz Andr. Wohlgemuth, k. k. Oberster Justizstelle Rechtsprotokollist, } Meister,

40. Johann Friedrich Fischel, k. k. Oberster Justizstelle Hofsecretär,

41. Nikolaus v. Wuchechich, k. k. Hofkaplan, gedeckt,

42. Karl Schütz, Kupferstecher, Architekt und Mitglied der k. k. Akademie, } Lehrlinge.

Name.	Profaner Stand.	Logen-Amt u. Grad.

43. Thomas Christan, Doctor der Arzneikunde,
44. Joh. Conrad Bozenhard, Kaufmann,   } Lehrlinge.
47. Kaspar Kuster , Titular - Secretär
beim Fürsten v. Nassau,
48. Franz Anton Edler von Kranzberg,
k. k. Gubernialrath in Galizien,   Meister.

Dienende Brüder:

45. Franz Kalmes, Mechanikus,
46. Mathias Hatzinger, Friseur,   } Meister.

Brabbée m/p. , Secretär.

—✕— --

Aufnahmsurkunde des Hofbanquiers Epstein.

Au nom du grand Architecte de l'Univers je soussigné vrai et legitime maçon, certifie que le Sieur Wencceslas d'Epstein, m'ayant temoigné plusieurs fois pendant sa residence en cette ville combien il désirait vivement d'être admis dans l'ordre royal de la maçonnerie et lui ayant trouvé les qualités désirables et requirés pour un membre de notre ordre illustré, je n'ai pas crû devoir le frustrer d'un avantage qu'il méritait à tant d'égards; vû donc qu'il n'y avait point de loge à dix lieux à la ronde, je me suis trouvé autorisé par l'usage en pareille circonstance de m'assembler en nombre compétant de frères pour recevoir le Dt. Sieur d'Epstein au grade d'apprenti maçon, ce qui a été celebré autant bien qu'il se pouvait dans un lieu ou il n'y a point de temple établi et ou il fallait prendre les plus scrupuleuses précautions contre la surveillance de la police et comme il n'y a plus aucun de ces frères qui ayent assisté à la reception, je n'ai muni le present que de ma propre Signature cachet.

Brünn en Moravie le 27 jour du 4. mois de l'an de Lumière 5781.

Max Comte de Lamberg m/p.,
Maître Ecossais.

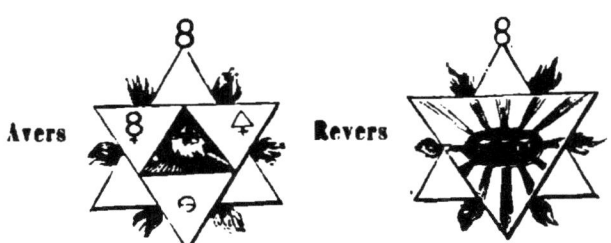

Die Medaille ist vergoldet, die jüdischen Charaktere des Reverses roth ausgefüllt.

Schreiben des Dr. Lewis an die Ordensbrüder in Prag.

Würdige geliebte Ordensbrüder!

Ist die Begründung einer neuen Freimaurer-Loge schon im Allgemeinen für den Orden von hoher Bedeutung, um so höher muss die Freude sein über das Wiedererwachen einer Loge, welche länger als ein halbes Jahrhundert dem Drange der Zeitverhältnisse nachgebend ihre Arbeiten einstellte, die jetzt aber mit erneuerter Thatkraft entschlossen ist das Licht zu verbreiten um für des Ordens heiligste Zwecke zu wirken. Nehmen Sie daher, meine geliebten Ordensbrüder, meinen innigsten herzlichsten Dank für die Mittheilung, welche uns am 8. d. M. zugegangen ist. Möge der g. B. a. W. das Werk seiner Vollendung baldigst nahe führen.

Was nun Ihre Anfrage betrifft, so erwiedere ich Ihnen hierauf, dass dieselben Bedingungen, welche die g. Landesloge zu Berlin von Ihnen fordert und worin ich mit den Hauptbedingungen des Bruders K. vollkommen einverstanden bin, auch sie sich zu unterziehen haben. Sollten aber später mehrere Logen in Oesterreich zu Stande kommen, so könnten wir uns wieder von Berlin trennen und eine eigne Grossloge von Oesterreich begründen.

Vor allem aber ist jetzt darauf zu sehen, dass wir uns die Genehmigung der Staatsbehörde verschaffen. Die blosse provisorische Bewilligung kann weder Ihnen noch uns für die Zukunft genügen und sichert die Existenz einer Loge nicht.

Dass wir die Genehmigung der hohen Staatsbehörde erhalten werden, bezweifle ich nicht, wenn wir die Grundprinzipien der Maurerei festhalten, wenn wir weder politische noch

religiöse Zwecke verfolgen, sondern dahin streben, dass
Ordnung und Gesetzlichkeit, wahre Gottesfurcht und Rechtschaffenheit, Veredlung und Aufklärung des Menschengeschlechts, innige Verbrüderung durch christliche Liebe ver-
breitet werde, — daher müssen wir Anarchie, Gesetzlosigkeit,
alle politischen und im Finstern schleichenden Wühlereien von
uns weit entfernt halten

Halten daher auch Sie, m. g. OB., die Grundsätze fest,
sich nur mit Brüdern zu verbinden, von deren Rechtlichkeit
Sie überzeugt sind, eingedenk der Worte unseres grossen
Meisters: Viele sind berufen, aber wenige auserwählt.

Sie wissen, geliebte OB., die offene Sprache ist die Pflicht
des freien Maurers, ja sie ist zugleich das Wesen und die Seele
des maurerischen Lebens, ich bin daher überzeugt, dass Sie,
g. OB., mein Schreiben mit der Liebe aufnehmen werden, die
ich bei ihnen voraussetze. Ist dies der Fall, so wünschen wir
Alle nichts sehnlicher, als dass wir uns eng, brüderlich fest,
ganz im Sinne unseres ewigen Lehrers Einer für den Andern
und Alle für Einen innigst verbinden mögen. — Ich grüsse
Sie mit a. u. B. d. d. u. h. Z.

NB. Herzlich bedaure ich, dass der geliebte OB. T.
meine Adresse so spät erfuhr, wir daher nichts unternehmen konnten. Ich bitte d. g. O. B. uns herzlich zu empfehlen.

Wien, den 18. März 49.

Schreiben des Dr. Lewis an K.

Hochwürdiger und geliebter Ordensbruder!

Vor einigen Tagen erhielt ich ein Schreiben aus Prag, woraus ich ersehe, dass Sie sich — Gott sei Dank — recht wohl befinden; wenigstens zeigen es Ihre Briefe. — Da leider bei mir dies nicht der Fall ist, muss ich mich kurz fassen. — Die Brüder aus Prag fragen sich an, ob sie dieselben Verbindlichkeiten eingehen müssen, wie die Loge zum heiligen Josef, ferner wünschen sie sich mit uns zu vereinigen und geben dem System der grossen Landesloge desshalb den Vorzug, weil unsere Loge ebenfalls nach demselben System arbeitet. — Dies der kurze Inhalt des Briefes mit acht Unterschriften. So wünschenswerth es nun auch wäre, dass mehrere Brüder sich zu einem Zwecke vereinigen, so ist es doch bei den jetzigen Zeitverhältnissen, meines Erachtens nothwendig behutsam zu Werke gehen; da die politischen Ansichten so verschieden sind, namentlich ist dies der Fall in Prag. Die dortige Gesellschaft Slowanska Lipa scheint gerade nicht geeignet zu sein, dort Einigkeit und Ordnung herzustellen, daher einer Loge v. s. M. wohl andere Zwecke zum Grunde liegen mögen. Doch dies ist blos meine Privat-Ansicht, Sie, hochwürdigster Bruder, werden es am Besten beurtheilen können, da Sie den Bruder M. kennen müssen, der zu Ihrer Loge gehört, und wie es scheint Meister vom Stuhl werden soll.

Gestern besuchte mich Br. T. aus Prag; derselbe hat den 3. Grad; er hegt die Absicht sich mit Br. D. und Genossen zu vereinigen, um die Loge „zur Wahrheit" wieder

ins Leben zu rufen, doch Br. T. will sich nicht mit Br.
M. und Genossen vereinigen, weil ihre politischen Ansichten nicht mit einander übereinstimmen. Ich glaube es
daher, hochwürdigster Bruder, für meine Pflicht zu halten im
Vertrauen darauf aufmerksam zu machen, damit Sie hiebei
behutsam zu Werke zu gehen haben — und die heilige Sache
darunter nicht leidet. — Unsere Loge ist sehr misslich; von
Seite des Gouverneurs, wie auch von Seiten der Polizei sind
uns unsere Arbeiten untersagt, ich werde scharf beobachtet,
habe viele Unannehmlichkeiten gehabt und werde den bittern
Kelch allein leeren müssen, da die andern Br. Maurer aus
Furcht sich nicht blicken lassen. — Dies mein Lohn für meine
Aufopferung und für meine Anhänglichkeit an den Staat, für
die Monarchie. — Doch genug.

Schreiben Sie mir recht bald und geben Sie mir Trost.
D. g. B. a. W. sei mit Ihnen und den dortigen Brüdern.

Ihr Bruder.